D1725126

lecker
leicht
lippisch

lecker

leicht

lippisch

Ostwestfälisch-Lippische Küche im Wandel der Jahreszeiten

von Karin Kolisch
und Christel Linkerhägner

Herausgegeben vom Lippischen Heimatbund

Verlag topp+möller
Detmold 2003

Dieses Buch entstand mit freundlicher Unterstützung der GAB, Gesellschaft für Arbeits- und Berufsförderung Lippe mbH und des Arbeitsamtes Detmold.

Impressum:

Texte, Rezepte   Karin Kolisch,
                                        Dipl. Ing. für Lebensmitteltechnologie

Illustration, Gestaltung, DTP   Christel Linkerhägner

Verlag, Gesamtherstellung   topp+möller, Detmold

Alle Recht vorbehalten. Reproduktionen, Speicherung in Datenverarbeitungsanlagen, Wiedergabe auf elektronischen, fotomechanischen oder ähnlichen Wegen, Funk und Vortrag, auch auszugsweise nur mit ausdrücklicher Genehmigung der GAB, Gesellschaft für Arbeits- und Berufsförderung Lippe mbH und des Verlages gestattet.

Bei der Erstellung dieses Kochbuches wurde nach bestem Wissen und Gewissen gearbeitet. Die Rezepte, Tipps und Infos wurden mit Sorgfalt recherchiert, ausgewählt und geprüft. Eine Haftung des Verlages und der Personen, die an der Fertigstellung dieses Buches mitgearbeitet haben, ist für alle erdenklichen Schäden an Personen, Sach- und Vermögensschäden ausgeschlossen.

Bibliografische Information Der Deutschen Bibliothek
Die Deutsche Bibliothek verzeichnet diese Publikation in der Deutschen Nationalbibliografie; detaillierte bibliografische Daten sind im Internet über http://dnb.ddb.de abrufbar.

ISBN 3-936867-01-1

© Verlag topp+möller/Karin Kolisch, Christel Linkerhägner, 2003

ZUM GELEIT

Der Zweck des Lippischen Heimatbundes liegt u.a. in der Erhaltung und Förderung der lippischen Kultur. Zur lippischen Kultur gehören die Landwirtschaft und der Gartenbau und damit selbstverständlich auch die Frage nach der Ernährung in Beziehung zu den vor Ort angebauten und angebotenen Lebensmitteln.

Die Erzeugnisse von Landwirtschaft und Gartenbau, der Einsatz von heimischen Wildfrüchten und Wildkräutern vervollständigen das Angebot der regionalen Küche.
Die gesunde und ökologische Ernährung wird bereits in Kindertagesstätten und Schulen thematisiert. Das Aktionsjahr der Museen in Ostwestfalen-Lippe für das Jahr 2004 hat das Motto „Mahl-Zeiten und will sich mit der Ernährung befassen".

Die Produkte von Fisch-, Tier- und Pflanzenzucht werden auf heimischen Märkten und in den letzten Jahren verstärkt auf Bauernmärkten präsentiert und von den Lipperinnen und Lippern gut angenommen.
Auch den Ortsvereinen des Lippischen Heimatbundes sind Aktivitäten zum Thema Ernährung und Kochen nicht fremd. Aktionen an Backhäusern, Anlage und Bauerngärten und Führungen mit Erläuterungen zum Einsatz der angebauten, teilweise unbekannten Gemüse- und Kräutersorten, Vorführungen von Mahlgängen in Mühlen sind nur ein Teil ihrer Programme.

Was liegt also näher, als ein Kochbuch mit den heimischen Spezialitäten „ auf den Markt" zu bringen.
Der Lippische Heimatbund hat deshalb gerne die Schirmherrschaft für dieses Kochbuch übernommen. Ich hoffe, dass viele Leser ihre Rezepte wiedererkennen und nachkochen werden.

Ich wünsche Ihnen viel Freude an der Zubereitung und guten Appetit beim Essen.

Brigitte Scheuer
(Stellvertr. Vorsitzende des Lippischen Heimatbundes)

Regionalverzehr

Die Küche regional betrachtet,
wird manchmal nicht so sehr beachtet.
Heut' denkt und isst man eher global,
man lebt halt international.

Doch warum nur nach "Sternen" greifen,
wenn's Gutes gibt in der Region.
Es lohnt sich auch in diesen Zeiten
durchaus ein Sinn für Tradition.

Zumal mit Sorgfalt zubereitet,
verspricht ein lippisches Rezept,
dass aus Erfahrung hergeleitet
gut ist, was letztlich auch gut schmeckt.

Probier'n wir's einfach doch mal aus
und geben lippischen Gerichten
ein kulinarisches Zuhaus;
kein Grund gibt's, darauf zu verzichten.

Sie sollte nicht vergessen sein,
die Küche hier im Lipperland.
Bis heute leuchtet es nicht ein,
warum sie noch kein "Sternchen" fand.

Frank Reineke, Laiendichter aus Detmold

EINFÜHRUNG

Über dieses Buch

Dass Lippe außer einer fantastischen Landschaft eine eigene Küchenkultur zu bieten hat, ist den wenigsten bewusst.

In dem Kochbuch „Lecker Leicht Lippisch" habe ich versucht, den Geist
der lippischen Küche einzufangen. Die Lipper, abgesehen vom Adel,
haben bei ihren Gerichten hauptsächlich die Lebensmittel verarbeitet,
die in Lippe wachsen und gedeihen. Diesen Grundsatz habe auch ich
beherzigt.

Damit die Produkte möglichst frisch verwendet werden können, ist das
Kochbuch in Jahreszeiten unterteilt und auf das Angebot in Lippe abgestimmt. Die Arbeitsabläufe sind rationell gestaltet und die Zutaten-
mengen so gewählt, dass möglichst wenig Reste anfallen.

Bis auf einige Festtagsmahlzeiten sind die Speisen, ganz in lippischer
Tradition, einfach zuzubereiten und die dafür benötigten Zutaten sind
überall leicht zu bekommen.

Für jede Jahreszeit habe ich ein vegetarisches Gericht gefunden oder
entwickelt. Die erweiterte Produktpalette der lippischen Erzeuger habe
ich mit einigen neuen Rezepten berücksichtigt.

Die Gerichte in diesem Kochbuch sind nicht nur leicht zu kochen, sondern ebenfalls leicht zu genießen. Bewusst habe ich die Rezepturen so
gewählt, dass möglichst wenig Fett und Speck verwendet wird und
dennoch der volle Geschmack erhalten bleibt. Auch dicke Mehlsoßen
und energieüberladene Gerichte gehören nicht mehr auf einen zeitge-
mäßen Speiseplan. Als Diätkochbuch ist „Lecker Leicht Lippisch" sicher
nicht zu verstehen, sondern eher als Möglichkeit traditionelle Küche
„leichter" umzusetzen.

Alle Rezepte in diesem Kochbuch sind von mir ausprobiert worden und
haben rundherum Anklang gefunden.

An dieser Stelle gilt mein besonderer Dank den Testessern, die mit ihrem Urteil zum Gelingen dieses Buches beigetragen haben. Ebenso
bedanke ich mich bei allen Personen, die mir mit Rezepten in Wort und
Schrift sowie mit Rat und Tat zur Seite gestanden haben.

Durch die lebendige Gestaltung von „Lecker Leicht Lippisch" ist dieses
Kochbuch ein optischer Genuss. Mit viel Liebe zum Detail hat die Grafi-
kerin Christel Linkerhägner die Seiten dieses Buches reichhaltig illustriert.

INHALT

INHALT

INHALT

BENUTZUNGSHINWEISE

Zu den Rezepten

Generell sind alle Rezepte in diesem Buch für 4 Personen erstellt, andernfalls wird gesondert darauf hingewiesen.
In der Zutatenliste werden, wenn nicht anders beschrieben, die Mengen der unvorbereiteten Lebensmittel angegeben. Dabei werden durchschnittliche Abfallmengen zu Grunde gelegt. Zu Gunsten einer praktikablen Küche sind viele Mengen in Stück oder in Löffeln angegeben.

500 g	Kürbisfleisch (ca. 660 g unvorbereiteter Kürbis)
1 TL	Apfelessig
125 ml	Wasser
40 g	Butter
1000 g	Weizenmehl
80 g	Zucker
2 Würfel	Hefe
2 TL	Salz

Zum Rapsöl

Bei allen Rezepten wurde als Speiseöl ausschließlich Rapsöl verwendet. Dieses hervorragende Speiseöl wird aus Raps gewonnen, der auch auf lippischen Feldern großräumig angebaut wird. Das Rapsöl hat einen hohen Gehalt an fettlöslichen Vitaminen sowie an ungesättigten Fettsäuren und wirkt sich wegen des hohen Anteils an Ölsäure positiv auf den Cholesterinspiegel aus.

Zu den Hinweisen

Unter drei verschiedenen Rubriken gibt es auf einigen Seiten Bemerkungen zu den jeweiligen Rezepten.

Tipp

Der Tipp enthält kleine Hinweise und nützliche Ratschläge zum Rezept oder zu den Zutaten.

Variation

Unter Variation findet sich eine interessante Abwandlung zu dem entsprechenden Rezept.

Info

Das Info bietet kurze Anmerkungen zur lippischen Küchenkultur oder allgemeine Informationen zu einer Zutat.

Zubereitungszeit ca. 50 Min
Bratzeit ca.1 Std 30 Min

Zu den Zubereitungszeiten

Die Zubereitungszeit dient als Anhaltspunkt dafür, wieviel Zeit etwa für ein Rezept benötigt wird. Kürzere Wartezeiten sind in der Zubereitungszeit enthalten, längere Zeitabschnitte wie z. B. Abkühlzeiten oder Backzeiten sind extra angegeben.

Zu den Abkürzungen

TL	= Teelöffel
EL	= Esslöffel
Pck	= Päckchen
geh.	= gehäuft
gestr.	= gestrichen

BENUTZUNGSHINWEISE

Zum Nährwertdiagramm

Zu jedem Rezept gibt es ein Diagramm, in dem die Nährwerte abgelesen werden können.

Die blauen Balken der Grafik zeigen den empfohlenen Tagesbedarf eines durchschnittlichen Erwachsenen mit überwiegend sitzender Tätigkeit. Der jeweilige Prozentteil an Energie, Protein, Fett und Kohlehydraten, der durch das entsprechende Rezept pro Portion oder 100 g gedeckt wird, ist durch die kleineren, farbigen Balken dargestellt. Dadurch lässt sich auf einen Blick feststellen, ob ein Gericht z. B. viel Protein enthält. Wer es genauer wissen will, findet die numerischen Werte in dem dazugehörigen farbigen Balken.

Die errechneten Nährwerte unterliegen natürlichen Schwankungen und praktisch bedingten Abweichungen, z. B. durch unterschiedliche Abfallmengen.

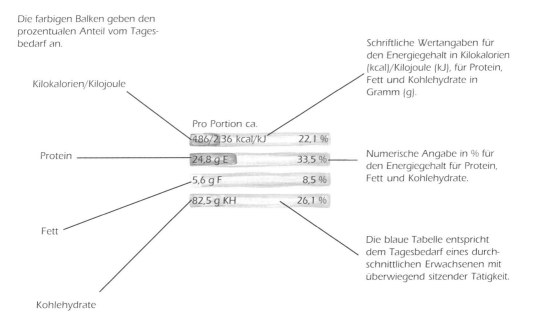

Die farbigen Balken geben den prozentualen Anteil vom Tagesbedarf an.

Schriftliche Wertangaben für den Energiegehalt in Kilokalorien (kcal)/Kilojoule (kJ), für Protein, Fett und Kohlehydrate in Gramm (g).

Kilokalorien/Kilojoule

Pro Portion ca.

486/2.36 kcal/kJ	22,1 %
24,8 g E	33,5 %
5,6 g F	8,5 %
82,5 g KH	26,1 %

Protein

Numerische Angabe in % für den Energiegehalt für Protein, Fett und Kohlehydrate.

Fett

Die blaue Tabelle entspricht dem Tagesbedarf eines durchschnittlichen Erwachsenen mit überwiegend sitzender Tätigkeit.

Kohlehydrate

RUBRIKEN

SUPPEN

FLEISCH

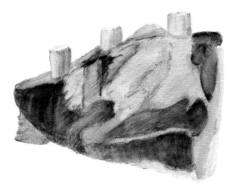

FISCH

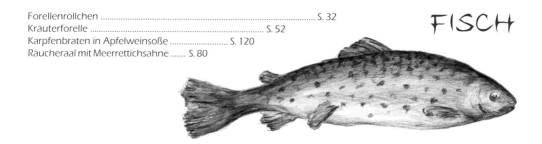

RUBRIKEN

WILD & GEFLÜGEL

VEGETARISCHE GERICHTE

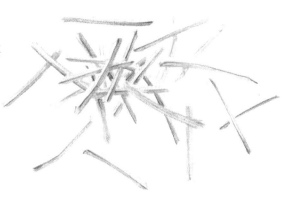

EINTÖPFE & AUFLÄUFE

RUBRIKEN

GEMÜSE

SALATE

MEHL- & KARTOFFELSPEISEN

RUBRIKEN

NACH- & SÜSS-SPEISEN

BROT & GEBÄCK

EINGEMACHTES

FRÜHLING

GRÜNE SUPPE

70 g	Giersch, jung
1	Zwiebel
40 g	Butter
2 EL	Mehl
150 g	Sahne, saure
1 TL	Salz
2 TL	Zucker

Pro Portion ca.

169/709 kcal/kJ	7,7 %
3,5 g E	4,7 %
12,5 g F	18,9 %
10,9 g KH	3,4 %

Zubereitungszeit ca. 35 Min

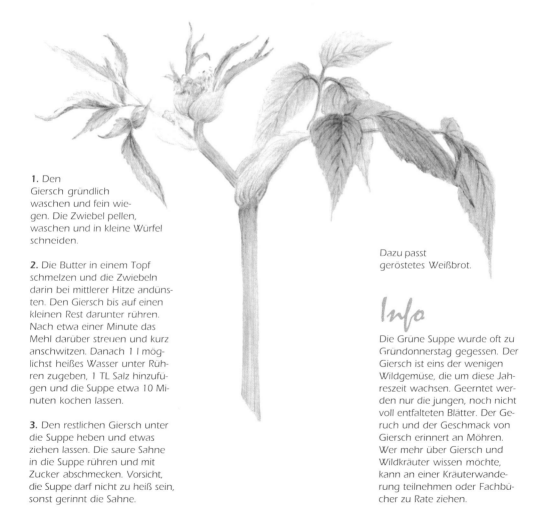

1. Den Giersch gründlich waschen und fein wiegen. Die Zwiebel pellen, waschen und in kleine Würfel schneiden.

2. Die Butter in einem Topf schmelzen und die Zwiebeln darin bei mittlerer Hitze andünsten. Den Giersch bis auf einen kleinen Rest darunter rühren. Nach etwa einer Minute das Mehl darüber streuen und kurz anschwitzen. Danach 1 l möglichst heißes Wasser unter Rühren zugeben, 1 TL Salz hinzufügen und die Suppe etwa 10 Minuten kochen lassen.

3. Den restlichen Giersch unter die Suppe heben und etwas ziehen lassen. Die saure Sahne in die Suppe rühren und mit Zucker abschmecken. Vorsicht, die Suppe darf nicht zu heiß sein, sonst gerinnt die Sahne.

Dazu passt geröstetes Weißbrot.

Info

Die Grüne Suppe wurde oft zu Gründonnerstag gegessen. Der Giersch ist eins der wenigen Wildgemüse, die um diese Jahreszeit wachsen. Geerntet werden nur die jungen, noch nicht voll entfalteten Blätter. Der Geruch und der Geschmack von Giersch erinnert an Möhren. Wer mehr über Giersch und Wildkräuter wissen möchte, kann an einer Kräuterwanderung teilnehmen oder Fachbücher zu Rate ziehen.

OSTERLAMMSUPPE ...

Das Osterfest wurde in Lippe gerne mit einem Lamm- oder Hasenbraten gefeiert. Frisches Lammfleisch ist in Lippe, seit die Schafhaltung wieder zunimmt, auf jedem größeren Wochenmarkt zu bekommen.

Das Ostermenü beginnt mit einer Lammknochensuppe. Die Knochen hierfür können z. B. aus der Schulter für den Lammbraten stammen, der als Hauptgang gereicht wird. Zu dem Lammbraten werden Geßelkohl mit Brennnesseln und Salzkartoffeln serviert. Geßelkohl oder Giersch, wie die Pflanze außerhalb von Lippe genannt wird, ist ein Wildgemüse, welches als "Unkraut" in vielen Gärten wächst. Geerntet werden nur die ganz jungen Blätter der Pflanze.

Den festlichen Abschluss des Ostermenüs bildet die Welfenspeise, die mit ihren Farben gelb und weiß an das Wappen der Welfen erinnert.

500 g	Lammknochen
50 g	Sellerie
3	Möhren
2	Zwiebeln
1	Porree, klein
1 l	Wasser
3 TL	Salz
etwas	Petersilie

Pro Portion ca.

55/228 kcal/kJ	2,5 %
1,7 g E	2,3 %
3,1 g F	4,7 %
4,2 g KH	1,3 %

1. Die Zwiebeln pellen, abspülen und vierteln. Den Porree putzen, der Länge nach halbieren und die einzelnen Schichten auseinander blättern, damit der Sand herausgespült werden kann. Anschließend die Porreestange in große Stücke schneiden. Eine der Möhren sowie das Selleriestück schälen, waschen und grob würfeln.

Zubereitungszeit ca. 35 Min
Kochzeit ca. 1 Std 30 Min

Das klein geschnittene Gemüse in einen Suppentopf geben.

2. Die Lammknochen abspülen, zu dem Gemüse geben und mit dem Wasser auffüllen. Die Knochen sollten mit Wasser bedeckt sein. Das Salz hinzufügen und die Knochen 1 ½ Stunden bei geschlossenem Deckel auskochen.

3. Kurz vor Ende der Kochzeit die Petersilie abspülen und klein schneiden. Die restlichen Möhren schälen, waschen und in sehr feine, etwa 4 cm lange Streifen schneiden.

4. Wenn die Knochen gut ausgekocht sind, wird die Knochensuppe durch ein Sieb gegossen und wieder auf den Herd gestellt. Beginnt die Suppe zu sieden, werden die Möhrenstreifen zugegeben und etwa 5 Minuten gegart. Vor dem Servieren wird die Petersilie über die Lammknochensuppe gestreut.

Als Einlage werden Schwemmklößchen oder Reis verwendet.

... MIT SCHWEMMKLÖSSEN

⅛ l	Milch
70 g	Mehl
30 g	Butter
1	Ei
etwas	Salz
etwas	Muskatnuss

Pro Portion ca.

156/649 kcal/kJ	7,1 %
4,6 g E	6,2 %
9,0 g F	13,6 %
14,1 g KH	4,5 %

Zubereitungszeit ca. 25 Min

1. Die Milch mit der Butter, dem Salz und etwas Muskatnuss in einen Topf geben und aufkochen. Das Mehl auf einmal hinzufügen und mit einem Holzlöffel so lang rühren, bis sich die Masse vom Topfrand löst.

2. Das Ei trennen und das Eiweiß kalt stellen. Das Eigelb unter den heißen Teig mischen und so lange weiter rühren, bis die Masse lauwarm ist.

3. Das Eiweiß zu steifem Schnee schlagen und mit dem Klößchenteig vermischen. Aus dem Teig einen Ballen formen und mit einem Löffel kleine Klößchen abstechen. Die Schwemmklößchen direkt vom Löffel in die leicht siedende Suppe geben und 5 Minuten garen lassen. Die Suppe gleich servieren, da die Klößchen leicht zerfallen.

Variation

Abgestimmt auf die jeweilige Suppe können dem Klößchenteig frische Kräuter zugegeben werden. Die gewaschenen und gehackten Kräuter werden zusammen mit dem Eiweiß unter den Teig gegeben.

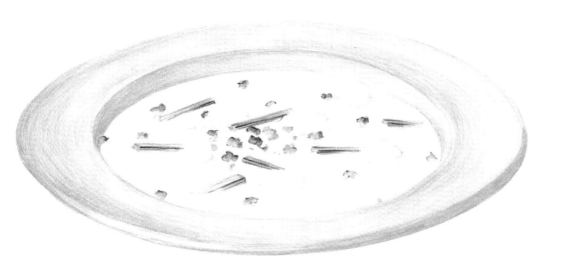

LAMMBRATEN MIT THYMIAN & ...

750 g	Lammschulter, ohne Knochen
2	Möhren
1	Porreestange, klein
½ l	Wasser
3 EL	Rapsöl
1 EL	Mehl
etwas	Salz
etwas	Pfeffer, weiß
4 Stängel	Thymian, frisch

Pro Portion ca.

527/2206 kcal/kJ	24 %
34,8 g E	47 %
41,3 g F	62,6 %
3,6 g KH	1,1 %

Zubereitungszeit ca. 50 Min
Bratzeit ca. 1Std 30 Min
Backofentemperatur 225° C

1. Das Lammfleisch von großen Sehnen befreien, abspülen und zum Abtropfen zur Seite stellen.

2. Den Porree putzen, halbieren, in 2 cm dicke Scheiben schneiden und waschen. Die Möhren schälen, waschen und in 1 cm große Würfel schneiden. Den Thymian abspülen und die harten Stängel entfernen.

3. Die Lammschulter mit Küchenkrepp von beiden Seiten trocken tupfen. Die Innenseite der Schulter mit Salz und Pfeffer bestreuen. Von dem Thymian etwa ¾ auf das Fleisch legen und einrollen. Den Rollbraten mit Rouladennadeln feststecken. Den Backofen auf 225° C vorheizen.

4. In einem backofengeeigneten Topf 2 EL Rapsöl erhitzen. Den Lammbraten darin von allen Seiten bei nicht zu star-

ker Hitze anbraten. Das angebräunte Fleisch herausnehmen und zur Seite stellen. Die Möhren mit 1 EL Rapsöl in den Topf geben und leicht anbräunen. Den klein geschnittenen Porree dazu geben und kurz mit bräunen. Das Gemüse mit dem Wasser ablöschen und den Braten wieder in den Topf legen. Den Lammbraten im Backofen bei geschlossenem Deckel eine Stunde garen. Nach der Hälfte der Zeit den Braten einmal wenden. Anschließend das Fleisch noch 30 Minuten ohne Deckel im Ofen garen und wiederum nach der Hälfte der Zeit den Braten wenden.

5. Den Braten aus der Flüssigkeit nehmen und warm stellen. Das Gemüse und den Bratensaft mit einem Stabmixer fein pürieren. Das Mehl mit etwas Wasser verrühren, unter die Soße mischen und etwa eine Minute aufkochen. Von dem restlichen Thymian die Blätter abzupfen und unter die Soße mischen. Den Lammbraten von den Rouladennadeln befreien, in Scheiben schneiden und servieren.

Dazu passen Geßelkohl und Salzkartoffeln.

... GESSELKOHL MIT BRENNNESSELN

250 g	Giersch, jung
250 g	Brennnesseln
1	Zwiebel, groß
2 EL	Rapsöl
2 EL	Haferflocken, fein
1 TL	Salz
etwas	Piment

Pro Portion ca.

157/149 kcal/kJ	7,1 %
10,1 g E	13,6 %
6,9 g F	10,5 %
12,7 g KH	4,0 %

Zubereitungszeit ca. 1 Std 10 Min

1. Einen großen Topf mit Wasser zum Kochen bringen. Inzwischen den Giersch gründlich waschen und in einem Durchschlag abtropfen lassen. Das Wildgemüse in dem heißen Wasser 2 Minuten blanchieren. Anschließend in eiskaltem Wasser abschrecken und in einen Durchschlag geben.

2. Erneut einen Topf mit Wasser zum Kochen bringen und die Brennnesseln genauso wie den Giersch verarbeiten. Die blanchierten Gemüse mit einem Messer kreuz und quer klein schneiden.

3. Die Zwiebel pellen, waschen und in kleine Würfel schneiden.

Das Rapsöl in einem Topf erhitzen und die Zwiebeln darin dunsten. Den Giersch, die Brennnesseln sowie das Salz dazugeben und umrühren. Damit das Gemüse nicht ansetzt, etwas Wasser darüber gießen und es etwa 20 Minuten garen.

4. Die Haferflocken unter das Wildgemüse rühren, kurz aufkochen und anschließend mit etwas Piment abschmecken. Den Geßelkohl vor dem Servieren etwa 5 Minuten ziehen lassen, damit die Haferflocken die restliche Flüssigkeit binden können.

Info

In 100 g frischen Brennnesseln sind 200 mg Vitamin C enthalten. Das entspricht fast der dreifachen Menge, die ein Erwachsener am Tag benötigt. Wer dieses wertvolle Wildgemüse genießen will, muss allerdings etwas Mühe in Kauf nehmen. Bei der Ernte und der weiteren Verarbeitung der Brennnesseln sollten Handschuhe getragen werden. Nach dem Blanchieren ist das nicht mehr nötig. Die Brennnesseln werden am besten im eigenen Garten gesammelt oder dort, wo sichergestellt ist, dass keine Gifte auf und in der Pflanze abgelagert sind. Geerntet werden die oberen 4–6 Blätter. Eventuell vorhandene Blüten werden entfernt.

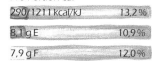

WELFENSPEISE

Für die Milchkrem

400 ml	Milch 3,5 %
50 g	Zucker
30 g	Speisestärke
3	Eiweiß
1 Pck.	Bourbon Vanillezucker

Für die Weinschaumspeise

200 ml	Apfelwein
50 g	Zucker
30 g	Speisestärke
3	Eidotter
½	Zitrone, unbehandelt
etwas	Zitronenmelisse zum Verzieren

Pro Portion ca.

290/1211 kcal/kJ	13,2%
8,1 g E	10,9%
7,9 g F	12,0%
41,9 g KH	13,3%

Zubereitungszeit ca. 40 Min
Abkühlzeit mind. 120 Min

1. Für die Milchkrem die Milch bis auf einen kleinen Rest in einen Topf geben und erhitzen. Inzwischen die Speisestärke mit der restlichen Milch verrühren und das Eiweiß mit dem Handmixer zu steifem Schnee schlagen. Den Zucker und den Vanillezucker in die heiße Milch rühren. Wenn die Milch kocht, die angerührte Speisestärke hinzugießen und unter Rühren 1 Minute kochen lassen.

2. Den Topf vom Herd nehmen und den Eischnee mit dem heißen Pudding vermischen. Die Milchkrem nochmals auf den Herd stellen und unter Rühren warten, bis eine Kochblase aufsteigt. Die Milchkrem vom Herd nehmen, in eine Schüssel oder Portionsschälchen füllen und kalt

stellen. Die Schalen dürfen nur bis etwa zur Hälfte gefüllt werden, damit die Weinschaumkreme noch genügend Platz hat.

3. Für die Weinschaumkrem die halbe Zitrone waschen und das Gelbe der Schale abreiben. Von dem Wein ¼ zu den Eidottern geben. Diese Mischung mit dem Handmixer so lange rühren, bis eine hellgelbe, kremige Masse entsteht. Den Zucker nach und nach unter die Eigelbmasse rühren.

4. Die Speisestärke mit dem restlichen Wein verrühren, in einen Topf geben und unter Rühren zum Kochen bringen. Die Weinkrem ½ Minute kochen lassen

und vom Herd nehmen. Zuerst nur die Hälfte der Eiermasse unter die heiße Krem geben und alles gut vermischen. Dann die zweite Hälfte unter die Krem rühren. Die Weinschaumkrem auf den Herd stellen und so lange mit einem Schneebesen schlagen, bis eine Kochblase aufsteigt. Die Krem vom Herd nehmen und in einem kalten Wasserbad weiter schlagen, bis die Masse lauwarm ist. Anschließend die Weinschaumkrem auf die Milchkrem füllen und kalt stellen. Vor dem Servieren mit ein paar Blättern Zitronenmelisse verzieren.

Info

Die Welfenspeise ist bei den Lippern eine beliebte Nachspeise zu verschiedenen Festlichkeiten. Ganz besonders gern wird dieser Nachtisch bei Hochzeiten gegessen.
Die Welfenspeise kann auch alkoholfrei zubereitet werden. Dazu wird der Apfelwein durch Apfelsaft ersetzt.

FRÜHLINGS SALAT

1	Kopfsalat
1 Bund	Radieschen
1	Frühlingszwiebel
8–10	Löwenzahnblätter, jung
3 EL	Essig
3 EL	Rapsöl
½ TL	Salz
etwas	Pfeffer
1 Prise	Zucker

Pro Portion ca.

74/306 kcal/kJ	3,4 %
1,5 g E	2,0 %
6,2 g F	9,4 %
2,3 g KH	0,7 %

Zubereitungszeit ca. 20 Min

1. Den Essig in eine Schüssel geben, das Salz, etwas Pfeffer und eine Prise Zucker hinzufügen. Die Zutaten miteinander verrühren und zur Seite stellen.

2. Die Blätter vom Salatkopf lösen, dabei unschöne Stellen und Blätter entfernen. Die übrigen Blätter gründlich waschen und zum Abtropfen in einen Durchschlag geben. Von der Frühlingszwiebel die Wurzeln und trockenes Grün entfernen. Die Frühlingszwiebel waschen und in dünne Scheiben bzw. Ringe schneiden. Die Löwenzahnblätter abspülen und fein hacken.

3. Das Rapsöl mit der Salatsoße verrühren. Die klein geschnittene Frühlingszwiebel und den Löwenzahn dazugeben und mit der Soße vermischen.

4. Von den Radieschen die Wurzeln und die Blätter entfernen. Anschließend die Radieschen waschen, halbieren und in dünne Scheiben schneiden. Die Salatblätter in portionsgroße Stücke zupfen und in eine Salatschüssel geben. Die Radieschen hinzufügen und die Salatsoße darüber gießen. Den Salat durchmischen und frisch servieren.

LAMMFRIKADELLEN MIT ...

500 g	Lammhack
20 g	Butterschmalz
3	Eier
1	Brötchen, altbacken
1	Frühlingszwiebel
3 EL	Paniermehl
1 TL	Salz
½ TL	Rosmarin, frisch gehackter
etwas	Pfeffer

Pro Portion ca.

535/2233 kcal/kJ		24,3 %
29,8 g E		40,3 %
39,7 g F		60,2 %
7,4 g KH		2,3 %

Zubereitungszeit ca. 40 Min

1. Das Brötchen in lauwarmem Wasser einweichen und zur Seite stellen. Die Frühlingszwiebel putzen, waschen und in dünne Scheiben bzw. das Grün in Ringe schneiden.

2. Das Lammhack in eine Schüssel geben. Das gut ausgedrückte Brötchen, die Eier und die klein geschnittene Frühlingszwiebel hinzufügen. Das Salz, den Pfeffer, sowie den gehackten Rosmarin darüber streuen und alle Zutaten miteinander vermengen.

3. Das Paniermehl auf einem Teller bereitstellen. Anschließend aus dem Hackteig 8 gleich große Frikadellen formen und in dem Paniermehl wälzen.

4. Das Butterschmalz in einer Deckelpfanne erhitzen und die Frikadellen darin bei mittlerer Hitze braten. Der Deckel sollte beim Braten nicht fest geschlossen auf der Pfanne liegen. Die Frikadellen werden nach 10 Minuten gewendet und dann ohne Deckel in etwa der gleichen Zeit fertig gebraten.

Dazu passen Frühlingssalat und Backkartoffeln oder Salzkartoffeln.

Info

Da diese Frikadellen sehr zart nach Lamm schmecken, sind sie denjenigen zu empfehlen, die kräftigen Lammgeschmack nicht schätzen.

... BACKKARTOFFELN & QUARKDIP

1000 g	Kartoffeln, mittelgroße
250 g	Quark 40 %
¹/₈ l	Milch 1,5 %
1 Bund	Schnittlauch
1 TL	Salz
etwas	Pfeffer

Pro Portion ca.

261/1090 kcal/kJ	11,9 %
12,3 g E	16,6 %
7,8 g F	11,8 %
34,4 g KH	10,9 %

Zubereitungszeit ca. 10 Min
Backzeit ca. 60 Min
Backofentemperatur 80° C

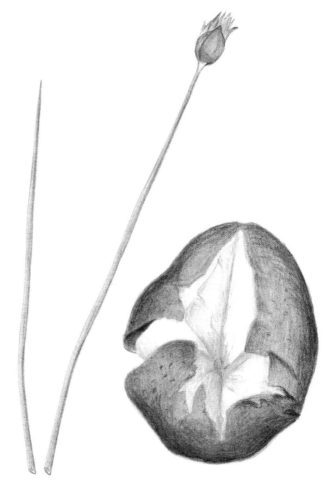

1. Den Backofen auf 225 °C vorheizen. Die Kartoffeln gründlich abbürsten und auf ein Backblech legen.
Das Backblech auf der mittleren Schiene in den Ofen schieben und die Kartoffeln etwa 60 Minuten backen. Die Backzeit ist abhängig von der Größe der Kartoffeln. Nach 30 Minuten die Kartoffeln einmal wenden.

2. Inzwischen den Quark, die Milch, das Salz und den Pfeffer in eine Schüssel geben und miteinander vermischen. Den Schnittlauch abspülen und in feine Röllchen schneiden. Ein paar Röllchen zur Dekoration zur Seite legen und den restlichen Schnittlauch unter den Quark rühren. Den Quarkdip kurz vor dem Servieren mit den Schnittlauchröllchen garnieren.

3. Die gebackenen Kartoffeln werden an der flachen Seite kreuzweise etwa 1 cm tief eingeschnitten. Nun werden Zeigefinger und Daumen von beiden Händen so an den äußeren Rand der Kartoffel gelegt, dass mit sanftem Druck das Innere der Kartoffel etwas aus dem Schnitt herausgedrückt wird. Danach die Kartoffeln gleich servieren.

STALLHASE MIT ...

1200 g	Stallhase oder -kaninchen, küchen- fertig, in Teilen
200 g	Schmand
30 g	Butterschmalz
1	Zwiebel
1 TL	Pfefferkörner
10	Wacholderbeeren
2	Nelken
2	Lorbeerblätter
etwas	Salz

Pro Portion ca.

569/2373 kcal/kJ	25,9 %
53,5 g E	72,3 %
38,6 g F	58,5 %
1,6 g KH	0,5 %

Zubereitungszeit ca. 35 Min
Bratzeit ca. 1 Std 30 Min
Backofentemperatur 240° C

1. Die Zwiebel pellen, waschen und vierteln. Den Schmand mit ¼ l Wasser verrühren, die Nelken und die Lorbeerblätter dazugeben. Die Pfefferkörner sowie die Wacholderbeeren auf einem Teller mit einem Löffel zerdrücken und ebenfalls in die Soße geben. Den Backofen auf 200 ˚C vorheizen.

2. Das Hasenfleisch putzen, waschen und mit Küchenkrepp trocken tupfen. Das Butterschmalz in einen Bratentopf geben und erhitzen. Die Hasenteile bei mittlerer Hitze von beiden Seiten anbraten und anschließend salzen. Die Soße in den Topf gießen, die Zwiebel hinzufügen, mit einem Deckel verschließen und auf der unteren Schiene im Ofen garen. Nach 30 Minuten die Fleischstücke wenden. Den Deckel nach weiteren 30 Minuten abnehmen und den Stallhasen bei 240 ˚C unter nochmaligem Wenden zu Ende braten.

3. Die Hasenstücke aus der Soße nehmen und warm stellen. Die heiße Soße durch ein Sieb gießen und zu dem Fleisch servieren.

Dazu passen Stielmus und Salzkartoffeln.

Variation

Dieselbe Rezeptur kann für ein schmackhaftes Wildgericht verwendet werden. Das Fleisch wird dann durch einen Wildhasen ersetzt.

... STIELMUS

1000 g	Stielmus
125 ml	Milch 1,5 %
20 g	Rapsöl
1 EL	Mehl
1 geh. TL	Salz
1 TL	Zucker

Zubereitung ca. 1 Std 10 Min

Pro Portion ca.

151/630 kcal/kJ	6,9 %
7,3 g E	9,9 %
6,6 g F	10,0 %
14,3 g KH	4,5 %

1. Von dem Stielmus die Wurzeln abschneiden und die harten Stängel entfernen. Anschließend die Blätter vorsichtig waschen, da sie leicht brechen. Das Stielmus in etwa 1 cm breite Stücke schneiden und in einen Topf geben.

2. Salz über das Stielmus streuen und anschließend mit möglichst wenig Wasser zum Kochen bringen. Das Stielmus unter gelegentlichem Umrühren bei mäßiger Hitze und geschlossenem Deckel in etwa 30 Minuten weich kochen. Die Stiele sollten dann noch etwas knackig sein. Kurz vor dem Ende der Garzeit wird die Mehlschwitze zubereitet.

3. Das Rapsöl in eine Pfanne geben und erhitzen. Das Mehl langsam in das heiße Öl einrühren und darin hellgelb schwitzen. Die Milch unter ständigem Rühren hinzufügen und etwa 2 Minuten kochen lassen, dabei weiter rühren.

4. Das Stielmus in einen Durchschlag geben und die Gemüsebrühe auffangen. Das Gemüse unter die Mehlschwitze heben und so viel Gemüsebrühe zugeben, bis die Soße eine sämige Konsistenz hat. Das Stielmus mit dem Zucker abschmecken und servieren.

Tipp

Die Stielmusbrühe kann zur Hebung des Geschmacks bei Soßen und Gemüsesuppen dienen. In kleinen Portionen eingefroren ist die Brühe ebenso schnell verfügbar wie ein Brühwürfel.

FORELLENRÖLLCHEN & ...

800 g	Forellenfilets
	o. Haut u. Gräten
250 ml	Rapsöl
1	Brötchen, trocken
1	Ei, klein
6 EL	Paniermehl
½	Zitrone
3 Stängel	Zitronenmelisse
2 Stängel	Dill
½ TL	Salz
etwas	Pfeffer, weiß

Pro Portion ca.

387/1622 kcal/kJ	17,6 %
42,1 g E	56,9 %
18,8 g F	28,5 %
11,6 g KH	3,7 %

Zubereitungszeit ca. 1 Std.

1. Die Forellenfilets abspülen und zum Abtropfen zur Seite legen. Das Brötchen in Würfel schneiden und in Wasser eingeweicht stehen lassen.

2. Die halbe Zitrone auspressen und mit dem Zitronensaft beide Seiten der Forellenfilets beträufeln.

Die Filets etwa 5 Minuten marinieren lassen.

3. Inzwischen das eingeweichte Brötchen gut ausdrücken und in eine Schüssel geben. Die Zitronenmelisse und den Dill abspülen.

Von der Zitronenmelisse die Blätter abzupfen und zusammen mit dem Dill fein wiegen. Die Kräuter, das Salz und etwas Pfeffer zu dem Brötchen geben und gut miteinander vermengen.

4. Das Ei aufschlagen, in einen tiefen Teller geben und das Eigelb mit dem Eiweiß verquirlen. Das Paniermehl auf einen zweiten Teller schütten und zur Seite stellen.

5. Die Forellenfilets mit der Kräuterfüllung dünn bestreichen, aufrollen und mit 2 Zahnstochern feststecken. Danach die Röllchen durch das verquirlte Ei und anschließend durch das Paniermehl wälzen.

6. Das Rapsöl in einem kleinen Topf erhitzen. Die Forellenröllchen in dem Öl in zwei Portionen frittieren. Dabei den Fisch einmal wenden und von jeder Seite 2–3 Minuten braten. Die Zubereitung der Fischröllchen in einer Fritteuse ist empfehlenswert.

... SPARGEL MIT LEICHTER SAUCE HOLLANDAISE

2 kg	Spargel
10 g	Butter
1 TL	Zucker
1 TL	Salz
½	Zitrone, unbe-handelt

	Für die Soße
125 g	Dickmilch
40 g	Butter
1	Ei
1 EL	Mehl
¼ l	Spargelwasser

Pro Portion ca.

194/813 kcal/kJ	8,8 %
10 g E	13,5 %
11,7 g F	17,7 %
11,9 g KH	3,8 %

Zubereitungszeit ca. 60 Min
Kochzeit ca. 25 Min

1. Den Spargel waschen, schälen und die unteren Spargelenden abschneiden.

2. Von der gewaschenen Zitronenhälfte das Gelbe der Schale abschälen und in einen Topf geben. Das Salz, den Zucker und die Butter hinzufügen, mit Wasser auffüllen und zum Kochen bringen.

3. Den Spargel ins kochende Wasser geben und bei mittlerer Hitze in etwa 25 Minuten weich kochen. Den Spargel aus dem Wasser nehmen und warm stellen. Von dem Spargelwasser ¼ l abmessen und beiseite stellen.

Für die Soße
4. Die Butter bei mittlerer Hitze in einem kleinen Topf schmelzen. Inzwischen das Ei mit 2 EL kaltem Wasser verquirlen.

5. Das Mehl in der geschmolzenen Butter hellgelb anschwitzen und mit dem Spargelwasser verrühren. Das verquirlte Ei dazugeben und unter ständigem Rühren zum Kochen bringen. Nach einer Minute die Soße vom Herd nehmen und etwa 5 Minuten abkühlen lassen. Anschließend die Dickmilch zur Soße geben und mit einem Schneebesen kräftig unterschlagen.

Dazu passen Dillkartoffeln.

RAHMSPINAT MIT ...

1000 g	Spinat
250 g	Sahne 30 %
1 geh. TL	Speisestärke
½ TL	Salz

Pro Portion ca.

227/966 kcal/kJ	10,5 %
7,1 g E	9,6 %
20,5 g F	31,1 %
4,4 g KH	1,4 %

Zubereitungszeit ca. 20 Min
Zum Verlesen und Waschen
15–45 Min

1. Vom Spinat Wurzeln und welke Blätter entfernen. Anschließend den Spinat so häufig waschen, bis der Sand restlos abgespült ist. Das Blattgemüse in einem Topf mit 2 EL Wasser und dem Salz zum Kochen bringen. Den Spinat etwa 5 Minuten kochen, bis die Stiele weich sind.

2. Die Sahne bis auf einen kleinen Rest unter den Spinat geben. Die Speisestärke mit der restlichen Sahne glatt rühren und mit dem Gemüse vermischen. Den Spinat unter ständigem Rühren eine Minute kochen lassen.

Tipp

Schmeckt der Spinat zu herb, kann eine Prise Zucker helfen.

... SCHAFSKÄSE IN KARTOFFEL-KRUSTE

800 g	Kartoffeln
300 g	Schafskäse
6 EL	Rapsöl
6 EL	Paniermehl
3 EL	Milch 1,5 %
½ TL	Salz
etwas	Pfeffer, weiß
etwas	Muskatnuss, gemahlen

Pro Portion ca.

475 / 1986 kcal/kJ	21,6 %
17,8 g E	24,1 %
29,4 g F	44,5 %
33,1 g KH	10,5 %

Zubereitungszeit ca. 1 Std 20 Min

1. Die Kartoffeln waschen, in einen Topf geben und mit Wasser bedeckt in etwa 25 Minuten gar kochen.

2. Inzwischen den Schafskäse in etwa 1 cm dicke Scheiben schneiden. Ideal ist es, wenn die Scheiben etwa quadratisch und nicht größer als 5 cm sind.

3. Die gekochten Kartoffeln pellen und zusammen mit dem Salz, den Gewürzen und der Milch zerstampfen. Die Schafskäsescheiben mit den gestampften Kartoffeln ummanteln und in dem Paniermehl wälzen.

4. Von dem Rapsöl 2 EL in einer Pfanne erhitzen. Die Schafskäsebrätlinge in die Pfanne legen und bei mittlerer Hitze von beiden Seiten goldbraun braten. Nach dem Wenden 1 EL Öl zufügen, damit die Kartoffelkruste gleichmäßig bräunt. Wer mit zwei Pfannen arbeitet, spart etwas Zeit, ansonsten werden die Brätlinge in zwei Durchgängen gebraten.

QUER DURCH DEN GARTEN

Pro Portion ca.

320/1340 kcal/kJ	14,5 %
18,5 g E	25 %
22,5 g F	34,1 %
25,2 g KH	8 %

600 g	Kartoffeln
400 g	Möhren
400 g	Kohlrabi
300 g	Spitzkohl
250 g	Kohlwurst
2 TL	Salz
1 Stängel	Liebstöckel, frisch

Zubereitungszeit ca. 50 Min

1. Die Kartoffeln, die Möhren und den Kohlrabi schälen und waschen. Den Spitzkohl putzen und waschen.
Die Kartoffeln der Länge nach vierteln und in 1 cm dicke Stücke schneiden. Den Kohlrabi zu etwa 1 cm großen Stiften verarbeiten. Die Möhren in Scheiben schneiden, dicke Möhren vorher halbieren. Den Spitzkohl der Länge nach durchteilen und den Strunk herauslösen. Die dicken Blattrippen der äußeren Blätter und den Strunk klein schneiden. Den übrigen Spitzkohl zu etwa 3 cm großen Blattstücken verarbeiten.

2. Aus der Kohlwurst kirschgroße Bällchen formen und zur Seite stellen. Die Kartoffeln, die Möhren und den Kohlrabi in einen Topf geben. Den Spitzkohl auf das Gemüse legen und 2 TL Salz darüber streuen. Den Topf mit 1½ l Wasser füllen und zum Kochen bringen. Die Fleischbällchen vorsichtig in das kochende Wasser geben, den Liebstöckel abspülen und ebenfalls zugeben. Den Eintopf noch ca. 15 Minuten bei schwacher Hitze köcheln lassen. Den Stängel Liebstöckel wieder entfernen und den Eintopf servieren.

Info

Quer durch den Garten ist ein Eintopf, der vom Frühling bis in den Herbst hinein gegessen werden kann. Wie der Name schon sagt, wird in diesem Gericht das Gemüse verarbeitet, das zu der Zeit im Garten wächst. Das oben stehende Rezept kann auch ohne Fleischbällchen zubereitet werden, stattdessen wird das Gemüse in etwas heißem Öl angedünstet und anschließend mit Wasser aufgegossen.

BUTTERSPARGEL MIT KNOCHEN-SCHINKEN

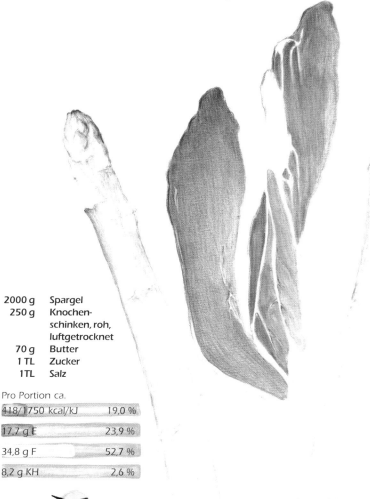

2000 g	Spargel
250 g	Knochen-schinken, roh, luftgetrocknet
70 g	Butter
1 TL	Zucker
1 TL	Salz

Pro Portion ca.

418/1750 kcal/kJ	19,0 %
17,7 g E	23,9 %
34,8 g F	52,7 %
8,2 g KH	2,6 %

Zubereitungszeit ca. 40 Min
Kochzeit ca. 25 Min

1. Den Spargel waschen, schälen und die unteren Spargelenden abschneiden. Einen Topf mit Wasser zum Kochen bringen. Den Spargel in das kochende Wasser geben und das Salz, den Zucker und 10 g Butter hinzufügen. Den Spargel bei geschlosse-nem Deckel in etwa 25 Minuten gar kochen. Die Spargelköpfe brauchen nicht mit Wasser bedeckt zu sein, sie garen auch im Wasserdampf.

2. Inzwischen den Schinken schnipseln oder in Rollen legen und auf Teller verteilen. Die restliche Butter bei mittlerer Hitze schmelzen.

3. Den gekochten Spargel ebenfalls auf die Teller legen und mit der flüssigen Butter übergießen.

Dazu passen Salz- oder Pellkartoffeln.

Tipp

Das Spargelwasser kann zu einer Spargelcremesuppe verarbeitet werden. Noch kräftiger schmeckt die Suppe, wenn die Spargelschalen in dem Wasser ausgekocht werden.

QUARKAUFLAUF

		Pro Portion ca.	
750 g	Rhabarber, o. Blätter		
500 g	Magerquark	486/2,36 kcal/kJ	22,1 %
225 g	Zucker		
70 g	Weichweizengrieß	24,8 g F	33,5 %
3	Eier		
1 EL	Weichweizengrieß	5,6 g F	8,5 %
	für die Form		
etwas	Butter, weich	82,5 g KH	26,1 %
etwas	Salz		

Zubereitungszeit ca. 25 Min
Rhabarber mit Zucker ziehen
lassen 30 Min
Backzeit ca. 40 Min
Backofentemperatur 200° C

1. Den Rhabarber von den Stielenden und dem Blattansatz befreien. Die Rhabarberstängel waschen, in 1 cm dicke Scheiben schneiden und in eine Schüssel füllen. Die Rhabarberscheiben mit 125 g Zucker vermengen und 30 Minuten stehen lassen. Nach etwa 20 Minuten den Backofen auf 200° C vorheizen und die Auflaufmasse zubereiten.

2. Die Eier trennen und das Eiweiß zur Seite stellen. Die Eidotter in eine Rührschüssel geben und mit dem Quark, dem restlichen Zucker und dem Grieß verrühren.

3. Eine Auflaufform mit etwas weicher Butter ausstreichen und mit einem EL Grieß ausstreuen.

4. Das Eiweiß zu steifem Schnee schlagen und unter die Quarkmasse heben. Anschließend den gezuckerten Rhabarber mit der Masse vermengen und in die Auflaufform füllen. Den Quarkauflauf im vorgeheizten Backofen auf mittlerer Schiene etwa 40 Minuten backen.

HOLUNDERPFANNKUCHEN

8-10	Holunderdolden, blühende
400 ml	Milch 3,5 %
300 g	Mehl
50 g	Butterschmalz
20 g	Zucker
4	Eier
etwas	Salz
15 g	Puderzucker zum Bestäuben

Pro Portion ca.

527/2206 kcal/kJ	24,0 %
17,8 g E	24,1 %
22,6 g F	34,2 %
63,4 g KH	20,1 %

Zubereitungszeit ca. 45 Min

1. Die Holunderblüten waschen, das Wasser abschütteln und die Blüten abzupfen.

2. Die Eier mit dem Handmixer schaumig schlagen, bis eine dickflüssige Masse entsteht. Anschließend den Zucker darunter rühren. Die Milch langsam zugießen und mit der Eiermasse vermischen. Das Mehl unter den Pfannkuchenteig rühren und zuletzt die Holunderblüten unterheben.

3. Etwas Butterschmalz in eine beschichtete Pfanne geben und erhitzen. Die entsprechende Teigmenge für einen Holunderpfannkuchen in die Pfanne geben und bei mittlerer Hitze und geschlossenem Deckel backen. Der Pfannkuchen wird gewendet, wenn der Teig an der Oberseite nicht mehr flüssig ist. Nach dem Wenden eventuell noch etwas Fett in die Pfanne geben und den Pfannkuchen fertig backen. Den restlichen Teig wie beschrieben verbacken. Die Holunderpfannkuchen werden mit etwas Puderzucker bestäubt gegessen.

Variation

Besonders interessant sieht der Pfannkuchen aus, wenn er mit der ganzen Blütendolde gebacken wird. Der Pfannkuchenteig wird wie oben beschrieben zubereitet. Beim Backen wird die Holunderdolde mit den Blüten in den noch weichen Teig gedrückt. Der Pfannkuchen wird ohne Wenden fertig gebacken. Vor dem Verzehr wird die Dolde möglichst nah an den Blüten abgeschnitten.

ERDBEEREN IN MILCH

500 g	Erdbeeren
250 ml	Milch 3,5 %
60 g	Zucker

Pro Portion ca.

138/578 kcal/kJ	6,3 %
3,1 g E	4,2 %
2,7 g F	4,1 %
24,5 g KH	7,8 %

Zubereitungszeit ca. 15 Min
Zum Saft ziehen ca. 30 Min

1. Die Erdbeeren waschen und zwei schöne Früchte für die Dekoration zur Seite legen. Von den anderen Erdbeeren die Stiele entfernen. Anschließend die Früchte je nach Größe vierteln oder halbieren und in eine Schüssel geben. Den Zucker über die Erdbeeren streuen und etwa 30 Minuten ziehen lassen.

2. Die Milch über die Erdbeeren gießen und mit dem Saft verrühren. Die Früchte zusammen mit der Erdbeermilch in Dessertschälchen füllen. Die zurückgelegten Erdbeeren mit Stiel halbieren und die Schälchen damit garnieren.

Variation

Dieser leckere Nachtisch lässt sich auch mit anderen Beeren herstellen. Verwendet werden Johannisbeeren und Blaubeeren sowie Him- und Brombeeren.

RHABARBERKUCHEN MIT EIERGUSS

600 g	Rhabarber, ohne Blätter
250 g	Zucker
250 g	Weizenmehl
110 g	Butter, weich
125 ml	Milch 3,5 %
3	Eier
2 Pck.	Bourbon Vanillezucker
1 geh. EL	Speisestärke
2 gestr. TL	Backpulver

Bei 12 Stücken pro Stück ca.

399/1682 kcal/kJ	18,2 %
8,9 g E	12,0 %
10,1 g F	15,3 %
68,5 g KH	21,7 %

Zubereitungszeit ca. 40 Min
Backzeit ca. 50 Min
Rhabarber ziehen lassen ca. 30 Min
Backofentemperatur 180° C

1. Die Rhabarberstängel von Blattansätzen und Stielenden befreien. Anschließend die Stängel abwaschen und in 1 cm breite Stücke schneiden. Die Rhabarberstücke in eine Schüssel füllen, mit 100 g Zucker vermischen und 30 Minuten ziehen lassen.

2. Von der Butter 10 g für den Guss zur Seite stellen. Mit einem Pinsel von der restlichen Butter etwas abnehmen und eine Springform damit fetten. Die übrige Butter in eine Schüssel geben und mit 100 g Zucker verrühren. 1 Ei hinzufügen und unter die Buttermasse rühren. Das Backpulver mit dem Mehl vermischen und abwechselnd mit der Milch unter die Teigmasse rühren. Den Backofen auf 180° C vorheizen.

3. Den Rührteig in die gefettete Springform füllen und glatt streichen. Die Rhabarberstücke gleichmäßig auf dem Teig verteilen und den Kuchen auf mittlerer Schiene im Backofen ca. 35 Minuten backen.

4. Inzwischen den Eierguss zubereiten. Die restliche Butter in ein hitzebeständiges Gefäß geben und kurz in den Backofen stellen, damit sie schmilzt. Die Butter sollte dabei nur lauwarm werden. Die Eier schaumig schlagen, den restlichen Zucker und den Vanillezucker darunter rühren. Zum Schluss die flüssige Butter und die Speisestärke unter die Eierkrem mischen.

5. Nach Ende der Backzeit den Rhabarberkuchen aus dem Ofen nehmen und den Eierguss darüber gießen. Den Kuchen mit dem Guss nochmals etwa 15 Minuten backen.

QUARKSTUTEN

1000 g	Weizenmehl
400 ml	Milch 3,5 %
500 g	Magerquark
100 g	Zucker
50 g	Butter, weich
1 Würfel	Bäckerhefe
etwas	Mehl zum Arbeiten
etwas	Milch zum Bestreichen

Pro 100 g ca.

257/1074 kcal/kJ	11,7 %
10,3 g E	13,9 %
3,6 g F	5,5 %
45,7 g KH	14,5 %

Quarkstuten wird fast genauso zubereitet wie Stuten s. S. 43.

1. Zuerst die Milch langsam erwärmen, bis sie lauwarm ist.

2. Währenddessen das Mehl in eine Schüssel oder eine Küchenmaschine füllen und mit dem Salz vermischen. Von der weichen Butter etwas abnehmen und damit zwei Kastenformen fetten. Die restliche Butter in kleinen Stücken zu dem Mehl geben. Anschließend den Quark, den Zucker und die zerbröckelte Hefe hinzufügen sowie die lauwarme Milch darüber gießen. Die Zutaten in etwa 5 Minuten zu einem glatten Teig verkneten und an einem warmen Ort 10 Minuten ruhen lassen.

Zubereitungszeit ca. 30 Min
Zum Aufgehen ca. 30 Min
Backzeit ca. 40 Min
Backofentemperatur 200° C

3. Danach den Teig, so wie beim Stuten (s. S. 43) beschrieben, weiter verarbeiten. Allerdings muss der Quarkstuten etwa 30 Minuten gehen.

Variation

Die Quarkstuten können mit 300 g Rosinen in leckere Rosinenstuten verwandelt werden. Die gewaschenen, gut abgetropften Rosinen werden zum Schluss kurz mit untergeknetet. Der Energiegehalt pro 100 g steigt dann auf 262/1095 kcal/kJ.

STUTEN

1000 g	Weizenmehl
700 ml	Milch 3,5 %
50 g	Zucker
30 g	Butter, weich
1 Würfel	Bäckerhefe
etwas	Mehl zum Arbeiten
etwas	Milch zum Bestreichen

Pro 100 g ca.

262 / 1098 kcal/kJ	11,9 %
8,2 g E	11,1 %
3,6 g F	5,5 %
49,2 g KH	15,6 %

Zubereitungszeit ca. 30 Min
Zum Aufgehen ca. 20 Min
Backzeit ca. 40 Min
Backofentemperatur 200° C

1. Die Milch langsam erwärmen, bis sie lauwarm ist.

2. Inzwischen das Mehl in eine Schüssel oder eine Küchenmaschine geben und das Salz untermischen. Von der weichen Butter etwas abnehmen und damit zwei Kastenformen fetten. Die restliche Butter in kleinen Stücken zu dem Mehl geben. Anschließend den Zucker und die zerbröckelte Hefe hinzufügen sowie die lauwarme Milch darüber gießen. Die Zutaten in etwa 5 Minuten zu einem glatten Teig verkneten und an einem warmen Ort 10 Minuten ruhen lassen.

3. Den Teig auf eine bemehlte Tischplatte geben und in zwei gleich große Stücke teilen. Aus jedem Teigstück einen länglichen Laib formen und in eine Kastenform legen. Die Kästen mit einem Tuch abdecken und

ca. 20 Minuten gehen lassen, bis der Teig etwa doppelt so groß ist. Den Backofen nach ca. 10 Minuten auf 200° C vorheizen.

4. Bevor die Brote in den Backofen kommen, werden sie mit Milch bestrichen und der Länge nach eingeschnitten. Bei 200° C werden die Stuten etwa 40 Minuten gebacken. Wenn die Brote goldbraun sind, werden sie aus der Form genommen. Um festzustellen, ob die Stuten gar sind, wird auf die Unterseite des Stutens geklopft. Klingt das Geräusch hohl, sind die Brote gar. Bei einem dumpfen Geräusch werden die Stuten mit Papier oder Alufolie abgedeckt und noch weitere 10 Minuten im Ofen gebacken. Die heißen Stuten werden anschließend nochmals mit Milch bestrichen.

Info

Der Stuten wird in Lippe gerne zusammen mit Schwarzbrot gegessen. Dabei wird aus einer Scheibe Stuten und einer Scheibe Schwarzbrot ein Klappbrot zubereitet. Als Belag wird Wurst, Käse oder Leberwurst verwendet.

SOMMER

FRISCHE ERBSENSUPPE MIT GRIESSKLÖSSCHEN

Für die Suppe

1700 g	Erbsen
500 g	Kartoffeln
1 ½ l	Wasser
4 EL	Petersilie, frisch, gehackt
1 EL	Liebstöckel, frisch, gehackt
2 EL	Rapsöl
2 TL	Salz

Für die Grießklößchen

¹/₈ l	Wasser
50 g	Weizengrieß
1	Ei
½ TL	Salz
etwas	Muskatnuss, gemahlen

Pro Portion ca.

307 / 1282 kcal/kJ	14,0 %
14,7 g E	19,9 %
9,7 g F	14,7 %
39,6 g KH	12,5 %

Zubereitungszeit ca. 1 Std

1. Die Erbsen aus den Schoten streifen, waschen und in einen Durchschlag geben. Die Kartoffeln schälen, waschen und in etwa 1 cm große Würfel schneiden.

2. Das Rapsöl in einem großen Topf erhitzen und die Erbsen kurz darin dünsten. Das Wasser, die gewürfelten Kartoffeln und das Salz hinzufügen. Die Suppe zum Kochen bringen und bei mäßiger Hitze etwa 15 Minuten kochen lassen.

3. Währenddessen wird der Klößchenteig zubereitet. Das Wasser, die Butter, das Salz sowie etwas Muskatnuss in einen Topf geben und zum Kochen bringen. Den Grieß unter ständigem Rühren in das kochende Wasser geben und solange bewegen, bis sich ein Kloß bildet. Den Topf vom Herd nehmen und das Ei unter den Klößchenteig mischen.

4. Mit einem nassen Löffel ein Teigstückchen abteilen und dieses mit dem Löffel in die köchelnde Erbsensuppe tauchen. In der heißen Flüssigkeit lösen sich die Klößchen leicht vom Löffel. Die Grießklößchen 5 Minuten in der Suppe ziehen lassen. Anschließend die gehackten Kräuter unter die Erbsensuppe heben und servieren.

HOLUNDERSUPPE

500 g	Holunderdolden
½ l	Wasser
75 g	Zucker
1	Apfel
½	Zitrone, unbehandelt
1 geh. EL	Speisestärke
etwas	Zimt

Zubereitungszeit ca. 55 Min

Pro Portion ca.

144/603 kcal/kJ	6,5 %
2,2 g E	3,0 %
1,5 g F	2,3 %
29,6 g KH	9,4 %

1. Die Holunderdolden waschen und in einen Durchschlag legen. Anschließend die schwarzen reifen Beeren mit einer Gabel von den Stängeln zupfen und in einen großen Topf geben. Das Wasser und den Zucker hinzufügen und zum Kochen bringen.

2. Inzwischen das Gelbe der Zitronenschale abreiben und ebenfalls in den Topf geben. Den Apfel waschen, schälen, vierteln und das Kerngehäuse entfernen. Die Apfelviertel jeweils in 3 Spalten teilen und anschließend in ½ cm dicke Stücke schneiden.

3. Die Holunderbeeren nur kurz aufkochen lassen und vom Herd nehmen. Mit einem Schaumlöffel etwa eine Hand voll Beeren herausnehmen und zur Seite stellen. Die restlichen Beeren mit einem Stabmixer zerkleinern und anschließend durch ein Sieb passieren.

4. Den so entstandenen Holundersaft zurück in den Topf geben, die Apfelstücke hinzufügen und zum Kochen bringen. Die Speisestärke mit etwas kaltem Wasser glatt rühren, zu dem kochenden Saft geben und eine Minute kochen lassen. Die zurückbehaltenen Holunderbeeren wieder in den Topf geben und die Suppe mit etwas Zimt ab-

schmecken. Die Holundersuppe wird warm oder gut gekühlt serviert.

Tipp

Die Schale von halben Zitronen lässt sich schlecht abreiben, da durch den Druck immer wieder Zitronensaft austritt. Besser ist es, die Schale von einer ganzen Zitrone abzureiben und den Rest nach dem Trocknen in einem Schraubglas aufzubewahren. Die getrocknete Zitronenschale wird wie die frisch geriebene Schale zum Backen und Würzen verwendet.

KALBSLEBER MIT ...

500 g	Kalbsleber in Scheiben
200 g	Zwiebeln
7 EL	Rapsöl
3 EL	Mehl
etwas	Salz
etwas	Pfeffer

Pro Portion ca.

380 / 1589 kcal/kJ	17,3 %
25,2 g E	34,1 %
22,5 g F	34,1 %
17,7 g KH	5,6 %

Zubereitungszeit ca. 50 Min

1. Die Zwiebeln pellen, waschen, in Scheiben schneiden und die einzelnen Zwiebelringe herauslösen. Von dem Rapsöl 3 EL abnehmen und in einer Pfanne erhitzen. Die Zwiebelringe darin bei mittlerer Hitze rösten, bis sie hellbraun sind. Die Zwiebeln aus der Pfanne nehmen und zur Seite stellen.

2. Die Leberscheiben abspülen, halbieren und Sehnen sowie Röhren entfernen. Das Mehl auf einen Teller geben und die Leberstücke darin wälzen.

3. Von dem Rapsöl 2 EL abnehmen und in einer Pfanne erhitzen. Die Leber darin bei mäßiger Hitze von jeder Seite etwa 3 Minuten braten. Nach dem Wenden mit Salz und Pfeffer bestreuen. Die übrige Leber in dem restlichen Rapsöl ebenso zubereiten. Alle Leberstücke und die gerösteten Zwiebelringe in die Pfanne geben. Das Ganze kurz auf den abgeschalteten Herd stellen, bis die Leber und die Zwiebeln die richtige Temperatur haben.

Dazu passen Kohlrabi in Rahmsoße und Kartoffelbrei.

... KOHLRABI IN RAHMSOSSE

1000 g	Kohlrabi
200 g	Sahne 30 %
1 EL	Speisestärke
1 TL	Salz
etwas	Muskatnuss, gemahlen
200 ml	Wasser

Pro Portion ca.

206/861 kcal/kJ	9,4 %
4,7 g E	6,4 %
16,1 g F	24,4 %
10,4 g KH	3,3 %

Zubereitungszeit ca. 45 Min

1. Von den Kohlrabi die kleinen, zarten Blätter abmachen, abspülen und klein schneiden. Die übrigen Blätter wegwerfen. Die Kohlrabi schälen, waschen und in 1 cm dicke Stifte schneiden.

2. Die Kohlrabistifte und die klein geschnittenen Blätter in einen Topf geben. Die Sahne, das Salz und das Wasser hinzufügen und zum Kochen bringen. Das Gemüse bei geschlossenem Deckel bei schwacher Hitze in etwa 20 Minuten weich kochen.

3. Die Speisestärke mit ein wenig Wasser glatt rühren, zu dem Kohlrabigemüse geben und unter Rühren 1 Minute kochen lassen. Das Gemüse mit etwas Muskatnuss abschmecken und servieren.

SCHWEINESTEAK MIT SCHWARZBROTKRUSTE & ...

800 g	Nackensteak (4 Stück)
125 g	Schwarzbrot
1	Zitrone, unbehandelt
1	Ei
1 TL	Rapsöl
1 TL	Zucker
etwas	Zimt

Pro Portion ca.

474/1982 kcal/kJ	21,5 %
37,1 g E	50,1 %
30,4 g F	46,1 %
13,0 g KH	4,1 %

Zubereitungszeit ca. 15 Min
Garzeit ca. 45 Min
Backofentemperatur 225° C

1. Den Backofen auf 225° C vorheizen. Die Nackensteaks abspülen, mit Küchenkrepp trockentupfen und von beiden Seiten salzen. Das Rapsöl auf ein Backblech geben und mit einem Pinsel so weit verteilen, dass die Steaks auf der gefetteten Fläche Platz haben.

2. Das Fleisch auf mittlerer Schiene in den vorgeheizten Backofen schieben. Die Steaks auf jeder Seite 15 Minuten garen. Inzwischen das Schwarzbrot in eine Schüssel krümeln, den Zucker und den Zimt zugeben. Die Zitrone abwaschen und auf einer Muskatnussreibe das Gelbe der Zitronenschale abreiben. Die Zitronenschale, das Ei und einen Esslöffel Wasser zu dem Schwarzbrot geben und gut durchmischen.

3. Das Fleisch aus dem Backofen nehmen und beiseite stellen. Eventuell das ausgetretene Fett abgießen. Die Nackensteaks dick mit dem Schwarzbrotbrei bestreichen und im Backofen nochmals 15 Minuten überbakken. Nach 10 Minuten die Brotkruste mit dem ausgetretenen Fett bepinseln und zu Ende garen.

Dazu passen dicke Bohnen und Salzkartoffeln.

Info

Das ursprüngliche Rezept für Schweinefleisch mit Schwarzbrotkruste stammte aus einem alten handschriftlichen Kochbuch der Familie von Kerssenbrock von Schloss Barntrup.

... DICKEN BOHNEN

2000 g	Dicke Bohnen
150 g	Sahne, saure
2 geh. EL	Petersilie, gehackt
2 geh. TL	Speisestärke
2 TL	Salz

Pro Portion ca.

230/962 kcal/kJ	10,5 %
15,3 g E	20,7 %
4,8 g F	7,3 %
28,2 g KH	8,9 %

Zubereitungszeit ca. 40 Min
Kochzeit ca. 25 Min

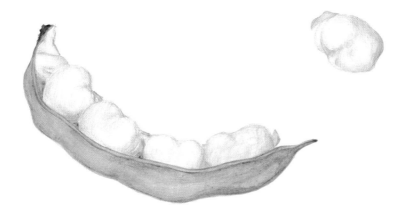

1. Die dicken Bohnen aus der Schote lösen und abspülen. Die Bohnen in einen Topf geben und so viel Wasser auffüllen, bis sie bedeckt sind. Das Salz zugeben und die Bohnen in etwa 25 Minuten weich kochen.

2. Das Kochwasser der Bohnen abgießen und auffangen. Die Speisestärke mit etwas kaltem Wasser glatt rühren und mit der sauren Sahne zusammen unter die dicken Bohnen heben. Etwa 200 ml von dem Bohnenwasser zugeben und die Bohnen eine Minute kochen lassen. Gegebenenfalls noch etwas Bohnenwasser nachgießen, bis eine sämige Soße entsteht. Zuletzt die gehackte Petersilie unterheben und die dicken Bohnen servieren.

KRÄUTERFORELLE

4	Forellen, küchenfertig
50 g	Butter
20 g	Petersilie
10 g	Dill
20	Wacholderbeeren
4	Zitronenscheiben, dünn
etwas	Salz
20 g	Butter zum Bestreichen

Pro Portion ca.

283/1185 kcal/kJ	12,9 %
28,5 g E	38,5 %
18,5 g F	28,0 %
0,7 g KH	0,2 %

Zubereitungszeit ca. 20 Min
Garzeit ca. 20 Min
Backofen auf Grilleinstellung

1. Die Petersilie und den Dill abspülen und die Kräuter fein hacken. Die Butter mit etwas Salz und den Kräutern vermengen und zur Seite stellen.

2. Mit der restlichen Butter vier etwa 30 x 30 cm große Alufolienstücke bestreichen. Am Rand der Folie ungefähr 4 cm frei lassen. Den Backofen vorheizen.

3. Die Forellen waschen, mit Küchenkrepp trocken tupfen und von außen salzen. Die Zitronenscheiben halbieren

und je 2 Hälften in eine Forelle legen. Die Wacholderbeeren mit einem Löffel leicht andrücken und ebenfalls in die Forellen geben. Anschließend die Fische mit der Kräuterbutter füllen. Jeweils eine Forelle auf ein Alufolienstück legen und die Folie oben verschließen. Dabei die Alufolie mehrmals umknicken, so dass sie möglichst dicht wird und kein Sud austreten kann.

4. Die verpackten Forellen mit der zusammengefalteten Seite nach oben auf einen Gitterrost legen und auf der zweiten Schiene von oben in den Backofen schieben. Eine Fettpfanne gleich darunter geben, falls doch etwas Sud austritt. Die Forellen 10 Minuten von jeder Seite garen.

Dazu passen frische Salate, frisches Weißbrot oder Salzkartoffeln.

Tipp

Die Kräuterforellen können auch auf einem Holzkohle- oder Elektrogrill zubereitet werden und sind somit eine sommerleichte Alternative zu den üblichen Grillwürstchen.

GURKENSALAT

2	mittlere Salatgurken
125 g	Sahne 30 %
4 EL	Schnittlauchröllchen
1 EL	Apfelessig
1 TL	Zucker
1 TL	Salz
etwas	Pfeffer

Pro Portion ca.

123/515 kcal/kJ	5,6 %
1,8 E	2,4 %
10,2 g F	15,5 %
5,6 g KH	1,8 %

Zubereitungszeit ca. 10 Min
Zeit zum Durchziehen ca. 15 Min

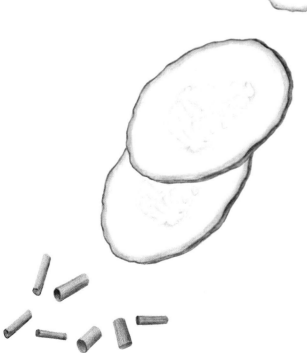

1. Die Salatgurken waschen und schälen. Anschließend die Gurken auf einer Reibe in dünne Scheiben hobeln und in eine Salatschüssel geben.

2. Die Sahne in eine kleine Schüssel gießen und mit dem Essig verrühren. Den Zucker, das Salz, etwas Pfeffer und die Schnittlauchröllchen darunter mischen.

3. Die Soße über die Gurkenscheiben gießen, gut vermischen und ca. 15 Minuten durchziehen lassen.

Tipp

An heißen Sommertagen schmeckt der gut gekühlte Gurkensalat besonders lecker und erfrischend.

GEGRILLTE HÄHNCHENSCHENKEL

1000 g	Hähnchenschenkel (4 Stück)
1 EL	Rübenkraut
etwas	Salz

Pro Portion ca.

312/1295 kcal/kJ	14,2 %
35,4 g E	47,8 %
17,2 g F	26,1 %
3,2 g KH	1,0 %

Zubereitungszeit ca. 1 Std
Backofen auf Grilleinstellung

Info

Die Hähnchenschenkel können auch auf einem Elektro- oder Holzkohlegrill zubereitet werden. Da das Rübenkraut aber schnell bräunt, darf der Grill nicht zu heiß sein.

1. Den Backofen auf der Grilleinstellung vorheizen.

2. Inzwischen die Hähnchenschenkel von restlichen Federn befreien und abspülen. Das Fleisch mit Küchenpapier trockentupfen und mit Salz einreiben. Das Rübenkraut mit einem Pinsel dünn auf die Hähnchenschenkel auftragen.

3. Die Schenkel mit der Hautseite nach oben auf den Grillrost legen. Den Rost auf die mittlere Schiene in den Backofen schieben und eine Fettpfanne unterstellen. Die Schenkel von beiden Seiten goldbraun grillen, danach den Backofen auf 240° C stellen. Das Fleisch in etwa 40 Minuten fertig garen.

Dazu passen Salate, frisch überbackenes Fladenbrot oder Salzkartoffeln.

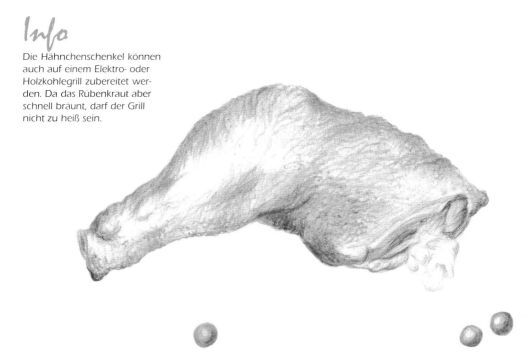

ERBSEN-CHAMPIGNON-SALAT

1000 g	Erbsen
200 g	Champignons
150 g	Sahne 30 %
1 große	Knoblauchzehe
1 EL	Apfelessig
1 TL	Salz
etwas	Salz zum Würzen
etwas	Pfeffer

Pro Portion ca.

194/811 kcal/kJ	8,8 %
8,1 g E	10,9 %
12,5 g F	18,9 %
12,2 g KH	3,9 %

Zubereitungszeit ca. 30 Min
Kochzeit ca. 15 Min
Abkühlzeit ca. 30 Min

1. Die Erbsen aus den Schoten streifen, abspülen und in einen Topf geben. So viel Wasser zu den Erbsen geben, bis sie bedeckt sind, 1 TL Salz hinzufügen und in etwa 15 Minuten bissfest kochen. Die Erbsen in einen Durchschlag schütten und abkühlen lassen.

2. Inzwischen die Knoblauchzehe pellen, abspülen und fein würfeln. Den Essig in eine Schüssel geben und die Knoblauchwürfel hinzufügen. Die Champignons säubern und die trockenen Stielenden abschneiden. Die Pilze waschen und in Spalten schneiden.

3. Die Knoblauchwürfel nach etwa 10 Minuten aus dem Essig nehmen. Die Sahne unter den Essig rühren und die klein geschnittenen Champignons sowie die kalten Erbsen darunter mischen. Den Salat mit etwas Pfeffer und Salz abschmecken.

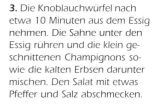

Tipp

Der Erbsen-Champignon-Salat eignet sich besonders gut für Partys und Grillfeste. Der Salat ist nicht wärmeempfindlich. Der Geschmack und das Aussehen sind selbst nach einigen Stun-

den Standzeit noch sehr gut. Es empfiehlt sich den Salat gelegentlich durchzurühren, damit die Soße das Gemüse gut umhüllt.

BUCHWEIZENBRÄTLINGE MIT ...

250 g	Buchweizen
150 g	Bokkolistrunk
2	Möhren, mittelgroß
1	Ei
1	Zwiebel
8 EL	Paniermehl
6 EL	Rapsöl
2 EL	Petersilie, frisch, gehackt
2 TL	Salz
½ l	Wasser
etwas	Pfeffer, gemahlen
etwas	Koriander, gemahlen

Pro Portion ca.

425/1774 kcal/kJ	19,3 %
10,5 g E	14,2 %
17,7 g F	26,8 %
54,7 g KH	17,3 %

Zubereitungszeit ca. 1 Std
Ruhezeit mind. 30 Min

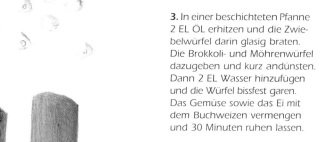

1. Den Buchweizen in einer Pfanne trocken rösten, aber nicht bräunen. Das Wasser dazugießen, die Gewürze und das Salz hinzufügen. Den Buchweizen unter gelegentlichem Umrühren auf der warmen Herdplatte 10 Minuten quellen lassen.

2. Inzwischen den Brokkolistrunk waschen, trockene Stellen entfernen und in erbsengroße Würfel schneiden. Die Möhren schälen, waschen und zu ebenso großen Würfeln verarbeiten. Die Zwiebel pellen, waschen und ebenfalls würfeln.

3. In einer beschichteten Pfanne 2 EL ÖL erhitzen und die Zwiebelwürfel darin glasig braten. Die Brokkoli- und Möhrenwürfel dazugeben und kurz andünsten. Dann 2 EL Wasser hinzufügen und die Würfel bissfest garen. Das Gemüse sowie das Ei mit dem Buchweizen vermengen und 30 Minuten ruhen lassen.

4. Das Paniermehl auf einen Teller geben. Aus der Buchweizenmasse 8 Brätlinge formen und in dem Paniermehl wälzen. In einer beschichteten Pfanne 2 EL Öl erhitzen und die Buchweizenbrätlinge darin bei mittlerer bis starker Hitze braten. Die Buchweizenbrätlinge erst dann vorsichtig wenden, wenn die Unterseiten gut gebräunt sind, da sie sonst leicht auseinander fallen. Nach dem Wenden das restliche ÖL zugeben und die andere Seite der Brätlinge ebenfalls gut anbraten.

Dazu passen Salzkartoffeln und Blumenkohl-Brokkoli-Gemüse.

Tipp

Die Buchweizenbrätlinge lassen sich auch ohne Ei zubereiten. Damit die Brätlinge nicht so schnell auseinander brechen, werden etwa 4 EL Paniermehl und 2 EL Wasser unter die Buchweizenmasse gemischt.

... BLUMENKOHL-BROKKOLI-GEMÜSE

400 g	Brokkoli
400 g	Blumenkohl
250 g	Sahne, saure
2 EL	Weizenmehl
2 EL	Rapsöl
2 EL	Zitronenmelisse, frisch, gehackt
2 EL	Petersilie, frisch, ge hackt
2 TL	Salz
1 TL	Zucker
etwas	Muskatnuss, gemahlen

Pro Portion ca.

190/796 kcal/kJ	8,6 %
7,6 g E	10,3 %
11,8 g F	17,9 %
13,0 g KH	4,1 %

Zubereitungszeit ca. 35 Min
Kochzeit ca. 25 Min

1. Von dem Brokkoli trockene Stellen entfernen, den Strunk abschneiden, den Rest in kleine Röschen teilen und waschen. Die Stielenden der Röschen kreuzweise einschneiden. Von dem Blumenkohl die Blattreste entfernen und ebenfalls in kleine Röschen teilen. Den Strunk und die Blumenkohlröschen waschen und die Stielenden kreuzweise einschneiden. Das Gemüse in einen Topf geben und knapp mit Wasser bedecken. Den Blumenkohl und den Brokkoli mit 2 TL Salz zum Kochen bringen und bei schwacher Hitze in etwa 25 Minuten bissfest garen.

2. Das Gemüsewasser abgießen und ¼ l davon zur Seite stellen. In einem kleinen Topf das Öl erhitzen und das Mehl darin hell anschwitzen. Die Mehlschwitze mit dem Gemüsewasser ablöschen und die saure Sahne unterrühren. Die gehackten Kräuter, den Zucker, etwas Salz und Muskatnuss zugeben. Die Soße unter Rühren erhitzen, aber nicht kochen. Anschließend die Kräutersoße über das Gemüse gießen und servieren.

BOHNEN & BIRNEN MIT SPECK

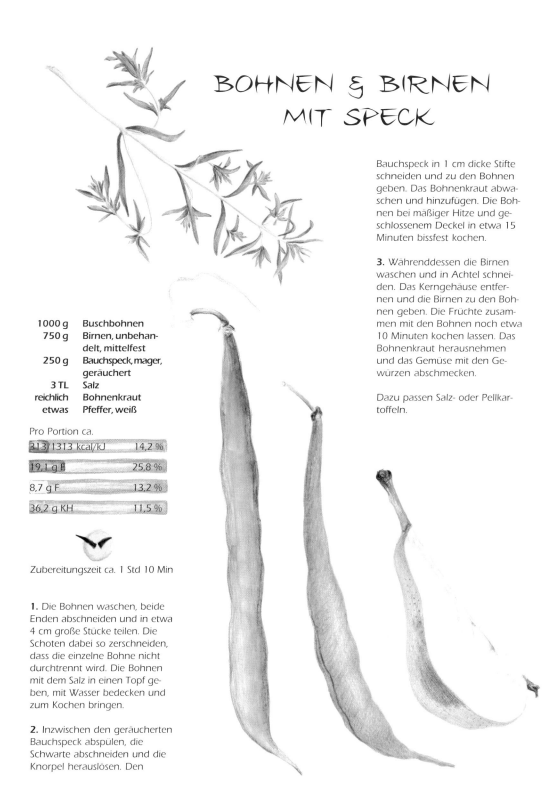

Bauchspeck in 1 cm dicke Stifte schneiden und zu den Bohnen geben. Das Bohnenkraut abwaschen und hinzufügen. Die Bohnen bei mäßiger Hitze und geschlossenem Deckel in etwa 15 Minuten bissfest kochen.

3. Währenddessen die Birnen waschen und in Achtel schneiden. Das Kerngehäuse entfernen und die Birnen zu den Bohnen geben. Die Früchte zusammen mit den Bohnen noch etwa 10 Minuten kochen lassen. Das Bohnenkraut herausnehmen und das Gemüse mit den Gewürzen abschmecken.

Dazu passen Salz- oder Pellkartoffeln.

1000 g	Buschbohnen
750 g	Birnen, unbehandelt, mittelfest
250 g	Bauchspeck, mager, geräuchert
3 TL	Salz
reichlich	Bohnenkraut
etwas	Pfeffer, weiß

Pro Portion ca.

313/1313 kcal/kJ	14,2 %
19,1 g E	25,8 %
8,7 g F	13,2 %
36,2 g KH	11,5 %

Zubereitungszeit ca. 1 Std 10 Min

1. Die Bohnen waschen, beide Enden abschneiden und in etwa 4 cm große Stücke teilen. Die Schoten dabei so zerschneiden, dass die einzelne Bohne nicht durchtrennt wird. Die Bohnen mit dem Salz in einen Topf geben, mit Wasser bedecken und zum Kochen bringen.

2. Inzwischen den geräucherten Bauchspeck abspülen, die Schwarte abschneiden und die Knorpel herauslösen. Den

WURZELSTIPPELSE

700 g	Kartoffeln
500 g	Stangenbohnen
500 g	Möhren
350 g	Sommeräpfel (z. B. Klarapfel)
200 g	Kasselerfleisch, mager
3 Stängel	Liebstöckel

Pro Portion ca.

300 / 1253 kcal/kJ	13,6 %
15 g E	20,3 %
12,7 g F	19,2 %
35,4 g KH	11,2 %

Zubereitungszeit ca. 50 Min

1. Die Kartoffeln sowie die Möhren schälen, waschen und zur Seite legen. Die Stangenbohnen waschen und beide Enden abschneiden. Anschließend die Schoten hinter den einzelnen Bohnen durchschneiden, so dass kleine Würfel entstehen.

Das Kasselerfleisch in ebenso große Würfel schneiden. Die klein geschnittenen Bohnen und das Fleisch in einen großen Topf geben, mit Wasser bedecken, 2 TL Salz dazugeben und bei mittlerer Hitze 10 Minuten kochen lassen.

2. Inzwischen die Kartoffeln und die Möhren in genauso große Würfel wie die Bohnen schneiden. Das gewürfelte Gemüse zu den Bohnen geben, wenn diese 10 Minuten gekocht haben. Den Liebstöckel abspülen, oben auf den Eintopf legen und erneut 10 Minuten kochen lassen.

3. Währenddessen die Äpfel schälen, waschen und in etwa so große Würfel schneiden wie zuvor das Gemüse. Nach 10 Minuten Kochzeit wird der Liebstöckel wieder entfernt und die Apfelwürfel werden zugegeben. Den Eintopf noch etwa 5 Minuten kochen lassen, bis die Äpfel anfangen zu zerfallen.

Variation

Die vegetarische Version von diesem Eintopf wird mit Schafskäse zubereitet. Die Bohnen werden mit 1 EL Rapsöl, ohne Kasselerfleisch und nur mit 1 TL Salz gekocht. Ansonsten wird der Eintopf genauso wie beschrieben hergestellt. Zum Schluss werden 200 g Schafskäse in Würfel geschnitten und unter den fertig gekochten Eintopf gehoben. Der verwendete Schafskäse sollte eine sehr feste Konsistenz haben, damit er in dem heißen Gericht nicht zerfließt. Der Energiegehalt steigt bei dieser Variante auf 323 kcal / 1350 kJ pro Portion.

SOMMERSALAT

1000 g	Kopfsalat
200 g	Speck, mager, durchwachsen
1000 g	Dickmilch
200 g	Schmand
1 TL	Salz

Pro Portion ca.

419/1744 kcal/kJ	19,0 %
23,5 g E	31,8 %
28,5 g F	43,2 %
13,9 g KH	4,4 %

Zubereitungszeit ca. 50 Min

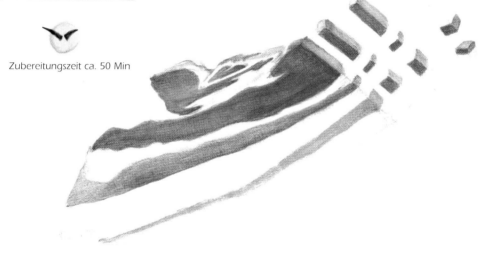

1. Von dem Kopfsalat die einzelnen Blätter lösen, gründlich waschen und zum Abtropfen in einen Durchschlag geben. Für den Sommersalat können auch die nicht so zarten, dunkleren Blätter verwendet werden. Den abgetropften Salat in eine hitzebeständige Schüssel geben, dabei die einzelnen Blätter in große Stücke zupfen.

2. Den Speck in ½ cm große Würfel schneiden und in einer Pfanne bei mittlerer Hitze auslassen. Die heißen Speckwürfel über den Salat gießen und anschließend einen Teil des Salates in der Pfanne schwenken.

3. Das Salz über den Salat streuen, die Dickmilch sowie den Schmand zugeben und alles gut durchmischen. Den Sommersalat mindestens 30 Minuten in den Kühlschrank stellen und gut gekühlt servieren.

Dazu passen Salz- oder Pellkartoffeln.

Variation

Eine leckere Variante ist der Sommersalat für Vegetarier. Dabei wird der Speck durch die gleiche Menge Räuchertofu ersetzt und mit 4 EL Rapsöl kross angebraten. Die übrige Zubereitung erfolgt genauso wie oben beschrieben. Der Energiegehalt ändert sich bei dieser Variante auf 426/1774 kcal/kJ pro Portion.

BOHNENSALAT

500 g	Buschbohnen
350 g	Tomaten
1	Zwiebel
5 EL	Rapsöl
3 EL	Essig
2 TL	Salz
etwas	Pfeffer
5 Stängel	Bohnenkraut

Pro Portion ca.

154/651 kcal/kJ	7,0 %
3,9 g E	5,3 %
10,8 g F	16,4 %
9,0 g KH	2,8 %

Zubereitungszeit ca. 30 Min
Kochzeit ca. 25 Min
Abkühlzeit ca. 60 Min

1. Die Bohnen waschen, beide Enden abschneiden und in einen Topf geben. Das Salz hinzufügen, das Bohnenkraut abspülen und ebenfalls in den Topf geben. Die Bohnen mit Wasser bedeckt zum Kochen bringen und bei geschlossenem Deckel bei mäßiger Hitze in etwa 25 Minuten bissfest garen.

2. Inzwischen die Zwiebel pellen, waschen und längs halbieren. Die Zwiebelhälften mit der Schnittfläche nach unten auf ein Brett legen und in feine Scheiben schneiden, so dass halbe Ringe entstehen.

3. Das Bohnenkraut aus dem Topf nehmen und das Wasser abgießen. Das Öl, den Essig, den Pfeffer und die Zwiebeln über die heißen Bohnen geben. Den Salat durchmischen und etwa 60 Minuten abkühlen lassen.

4. Die Tomaten abspülen und den Stielansatz herausschneiden. Damit das Fruchtfleisch nicht so schnell herausfällt, die Früchte quer in knapp 1 cm dicke Scheiben schneiden. Die Tomatenscheiben vorsichtig unter die Bohnen heben und den Salat servieren.

ARME RITTER

250 g	Weißbrot, altbacken
70 g	Butter
70 g	Semmelbrösel
¼ l	Milch 1,5 %
2	Eier
1 EL	Zucker

Pro Portion ca.

428/1790 kcal/kJ	19,5 %
12,4 g E	16,8 %
19,4 g F	29,4 %
51,0 g KH	16,1 %

Zubereitungszeit ca. 40 Min

1. Die Milch in eine große flache Schüssel gießen und die Eier sowie den Zucker hinzufügen. Die Zutaten mit einem Schneebesen gut durchrühren.

2. Das Weißbrot in 8 Scheiben schneiden. So viele Brotscheiben in die Schüssel legen, wie nebeneinander Platz haben. Die Scheiben etwa 2 Minuten liegen lassen, wenden und anschließend von der anderen Seite 2 Minuten ziehen lassen. Inzwischen die Semmelbrösel auf einen Teller schütten und die durchweichten Brotscheiben darin wenden. So fortfahren bis alle Brotscheiben paniert sind.

3. Einen kleinen Teil der Butter in einer Pfanne erhitzen und die Armen Ritter darin bei mittlerer Hitze von beiden Seiten hellbraun backen. Immer dann, wenn die Brotscheiben gewendet oder wenn erneut Arme Ritter in die Pfanne gelegt werden, etwas Butter zugeben.

Die Armen Ritter werden mit Himbeersirup übergossen verzehrt.

HIMBEERSIRUP

| 1000 g | Himbeeren |
| ca. 500 g | Zucker |

Pro 100 g ca.

181/758 kcal/kJ	8,2 %
0,4 g E	0,5 %
0,1g F	0,2 %
44,3 g KH	14,0 %

Zubereitungszeit ca. 30 Min

1. Die frischen Himbeeren verlesen und waschen. Die Früchte mit einem Kaltentsafter zu Himbeersaft verarbeiten.

2. Auf 100 g Himbeersaft 70 g Zucker geben. Den Saft mit dem Zucker in einen Topf füllen und zum Kochen bringen. Den Himbeersirup nach 3 Minuten Kochzeit vom Herd nehmen und heiß in geeignete Flaschen füllen. 1000 g Himbeeren ergeben etwa 700 ml Himbeersirup. Der Sirup wird nach dem Erkalten im Kühlschrank aufbewahrt.

Der Himbeersirup kann auch mit Wasser verdünnt getrunken werden.

PICKERT

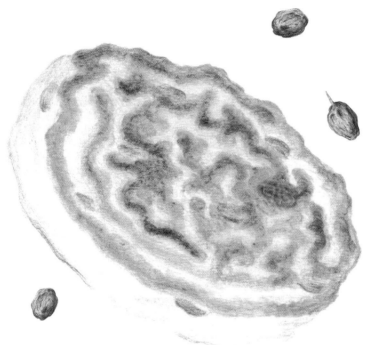

750 g	Weizenmehl
650 g	Kartoffeln
200 g	Rosinen
70 g	Butterschmalz
½ l	Milch 3,5 %
4	Eier
1 Würfel	Bäckerhefe
1 EL	Zucker
½ TL	Salz
ergibt 12 Pickert	

Zubereitungszeit ca. 60 Min
Zeit zum Aufgehen 1–1½ Std

Pro Stück ca.

401/1675 kcal/kJ	18,2 %
11,9 g E	16,1 %
10,0 g F	15,2 %
65,7 g KH	20,8 %

1. Die Milch erwärmen, bis sie lauwarm ist. Den Hefewürfel hineinbröckeln, mit der Milch verrühren und an einen warmen Ort stellen. Die Rosinen waschen, in ein Sieb geben und abtropfen lassen.

2. Die Kartoffeln schälen, waschen und in eine große Schüssel reiben. Die Hefemilch zu den geriebenen Kartoffeln geben. Dabei die Milch über die Reibe gießen, damit die anhaftenden Kartoffelreste auch mit in den Teig gelangen. Anschließend die Eier, das Salz und den Zucker mit den Kartoffeln verrühren. Die Rosinen untermengen, das Mehl zugeben und mit den übrigen Zutaten vermischen. Die Schüssel mit einem Tuch bedecken und den Teig an einem warmen Ort 1 bis 1½ Std gehen lassen.

3. In einer beschichteten Pfanne etwas von dem Butterschmalz erhitzen. Den Teig gut durchrühren und je Pickert einen Schöpflöffel voll in die Pfanne geben. Den Pickert bei mittlerer Hitze von beiden Seiten hellbraun backen. Beim Wenden erneut etwas Butterschmalz zugeben. Den restlichen Teig wie beschrieben zu Pickert verarbeiten.

4. Insgesamt ergibt dieses Rezept 12 Pickert, die gleich warm, kalt oder aufgewärmt gegessen werden können. Der Pickert wird mit Rübenkraut oder mit lippischer Leberwurst bestrichen gegessen. Für eine Zwischenmahlzeit wird ein Pickert, bei einer Hauptmahlzeit werden zwei pro Person benötigt.

Info

Der Pickert ist die bekannteste Spezialität aus dem Lipperland. Ursprünglich war der Pickert ein „Arme-Leute-Essen", das mit wenigen Zutaten gebacken wurde. Rosinen, Eier und Milch kamen nur zu besonderen Gelegenheiten oder bei wohlhabenden Lippern mit in den Teig. In vielen lippischen Familien gibt es für den Pickert ein eigenes Rezept. Anstatt Weizenmehl wird in der lippischen Senne häufig Buchweizenmehl verwendet. Es gibt auch Rezeptvarianten ohne Hefe. Diese haben den Vorteil, dass der Teig sofort gebacken werden kann. Der Pickert kann als kleinerer Pfannkuchen oder pfannengroß gebacken werden. Die bis zu 30 cm großen Exemplare erfordern allerdings große Geschicklichkeit beim Wenden. Zum Pickert wird starker Kaffee, gerne auch mit Milch und Zucker, getrunken. Für einige Lipper gehört auch ein Wacholder nach der Mahlzeit zu einem zünftigen Pickertessen.

PLATENKUCHEN

500 g	Weizenmehl
200 ml	Milch 3,5 %
140 g	weiche Butter
6 EL	Zucker
1 Würfel	Bäckerhefe
etwas	Mehl zum Arbeiten

Bei 16 Stück pro Stück ca.

217/905 kcal/kJ	9,8 %
4,5 g E	6,1 %
8,4 g F	12,7 %
30,7 g KH	9,7 %

Zubereitungszeit ca. 30 Min
Zeit zum Gehen 1–1½ Std
Abkühlzeit mind. 20 Min
Backofentemperatur 220° C

1. Die Milch erwärmen, bis sie lauwarm ist. Anschließend 1 EL Zucker hinzufügen und den Würfel Hefe hineinbröckeln. Die Milch mit der Hefe und dem Zucker verrühren und an einem warmen Ort gehen lassen.

2. Zuerst das Mehl, dann 40 g Butter, 3 EL Zucker und das Ei in eine Schüssel geben. Die gut gegangene Hefe hinzufügen und mit einem Mixer zu einem glatten Teig verarbeiten. Den Teig so lange kneten, bis er sich vom Schüsselrand löst. Die Schüssel mit einem Tuch abdecken und den Teig an einem warmen Ort gehen lassen, bis er etwa doppelt so groß ist. Inzwischen ein Backblech mit Backpapier auslegen und zur Seite stellen.

3. Etwas Mehl auf eine Tischplatte streuen und den gut gegangenen Teig auf den Tisch legen. Den Teig zu einer Teigrolle formen und mit dem Nudelholz auf Backblechgröße ausrollen. Da der Teig recht fest ist, kann er mit etwas Mehl bestäubt locker zusammengefaltet werden, um ihn besser auf das Blech legen zu können. Anschließend wird er wieder auseinander gelegt und der Backblechgröße angepasst. Danach den Teig mit etwas Wasser bepinseln und an einem warmen Ort gehen lassen, bis er so hoch wie der Backblechrand ist.

4. Den Backofen rechtzeitig auf 220° C vorheizen, damit der Kuchen nach dem Verteilen der Butter gleich in den heißen Ofen geschoben werden kann. Die nicht zu weiche Butter wird in kleinen Flocken gleichmäßig auf dem Teig verteilt. Dabei sollten die Butterstückchen etwas in den Teig gedrückt werden. Den restlichen Zucker gleichmäßig über den Platenkuchen streuen und das Backblech auf mittlerer Schiene in den Backofen schieben. Den Kuchen in etwa 12 Minuten goldgelb backen und aus dem Ofen nehmen. Damit der Platenkuchen besser auskühlt, wird er vom Backblech am besten auf ein ebenso großes Gitter geschoben. Den lauwarmen oder kalten Butterkuchen in 16 gleich große Stücke schneiden und servieren.

Info Der Platenkuchen wird in Lippe als Butter-, Streusel- oder Pflaumenkuchen hergestellt. Früher wurde der Kuchen zu Hause zubereitet und auf einem großen Backblech zum Bäcker gebracht. Die Bleche, die etwa doppelt so groß waren wie die haushaltsüblichen Backbleche, wurden dann vom Bäcker abgebacken. Der fertige Kuchen konnte anschließend abgeholt werden. Der frische wie auch schon einige Tage alte Platenkuchen wird gern in Kaffee getunkt verzehrt.

KRÜMELKUCHEN

500 g	Weizenmehl
300 g	Johannisbeergelee
250 g	Butter, weich
200 g	Zucker
1	Zitrone
1	Ei
1 Pck.	Backpulver
1 Pck.	Bourbon Vanille-zucker
	etwas Salz

Bei 12 Stücken
Pro Stück ca.

425/1778 kcal/kJ	19,3 %
5,1 g E	6,9 %
18,2 g F	27,6 %
59,7 g KH	18,9 %

Zubereitungszeit ca. 25 Min
Backzeit ca. 50 Min
Backofentemperatur 180°C

1. Die Zitrone abwaschen und mit einer Muskatnussreibe das Gelbe der Schale abreiben und zur Seite stellen. Mit einem Pinsel etwas von der Butter abnehmen und damit eine Springform fetten.

2. Die restliche Butter in eine Schüssel geben und mit einem Handmixer schaumig rühren. Die geriebene Zitronenschale, den Vanillezucker und eine Prise Salz hinzufügen. Den Zucker nach und nach unter die Butter rühren. Anschließend das Ei zugeben und mit dem Rest vermischen. Das Mehl mit dem Backpulver vermengen und portionsweise unter die Buttermasse rühren, so dass ein krümeliger Teig entsteht.

3. Die Hälfte des Teiges in die Springform füllen und verteilen. Den Teig am Rand etwas hoch

und am Boden leicht festdrücken. Das Johannisbeergelee gut durchrühren und dünn auf den Boden streichen. Den restlichen Teig als Streusel über dem Gelee verteilen.

4. Den Krümelkuchen in dem vorgeheizten Backofen auf mittlerer Schiene ca. 50 Minuten backen. Den Kuchen einen Tag durchziehen lassen, dann schmeckt er besser.

Der Krümelkuchen kann auch mit frischem Obst, wie z. B. Äpfeln, Pflaumen oder Blaubeeren gebacken werden. Für einen Kuchen werden etwa 600 g vorbereitetes Obst benötigt. Die Beeren oder das klein geschnittene Obst an Stelle des Johannisbeergelees auf dem Boden verteilen. Ansonsten den Kuchen genauso wie oben beschrieben zubereiten.

ROTE GRÜTZE

250 g	Süßkirschen
250 g	Stachelbeeren
250 g	Heidelbeeren
250 g	Himbeeren
150 g	Zucker
750 ml	Wasser
50 g	Speisestärke

Pro Portion ca.

294/1237 kcal/kJ	13,4 %
2,3 g E	3,1 %
0,9 g F	1,4 %
67,0 g KH	21,2 %

Zubereitungszeit ca. 30 Min

1. Die Kirschen waschen, entstielen und die Steine entfernen. Die Beeren waschen und von den Blüten und Stängeln befreien.

2. Die Stachelbeeren, die Kirschen und den Zucker in einen Topf geben. Das Wasser bis auf einen kleinen Rest dazugießen und zum Kochen bringen. Die Speisestärke mit dem restlichen Wasser glatt rühren und zu dem kochenden Obst geben. Die Heidelbeeren und Himbeeren hinzufügen und das Ganze unter ständigem Rühren eine Minute kochen lassen.

3. Die Rote Grütze schmeckt besser, wenn sie gut durchgezogen ist. Deshalb sollte sie erst am nächsten Tag verzehrt und bis dahin im Kühlschrank aufbewahrt werden.

Tipp

Die Rote Grütze kann gut zu Vanilleeis oder mit Vanillesoße (s. S. 117) gegessen werden. Sie kann auch mit anderen Beeren wie Johannisbeeren oder Brombeeren zubereitet werden.

68

JOHANNISBEERGELEE

Pro 100 g ca.

217/909 kcal/kJ	9,9 %	
0,3 g E	0,4 %	
0,1 g F	0,2 %	
53,3 g KH	16,9 %	

Zubereitungszeit ca. 40 Min

1000 g Johannisbeeren
ca. 400 g Gelierzucker

1. Die Johannisbeeren verlesen, waschen und von den Stielen lösen. Die Beeren mit einem Kaltentsafter zu Johannisbeersaft verarbeiten.

2. Den Saft wiegen und in einen Topf gießen. Die gleiche Menge Gelierzucker hinzufügen und zum Kochen bringen. Das Gelee laut Packungshinweisen herstellen. Anschließend das heiße Johannisbeergelee in gut gespülte Gläser füllen und sofort verschließen.

FRUCHTSPEISE

¼ l	schwarzer Johannis-beernektar
¼ l	Buttermilch
2 EL	Zucker
1 Pck.	Gelatine, gemahlen

Pro Portion ca.

102/438 kcal/kJ		5,0 %
4,4 g E		5,9 %
0,3 g F		0,5 %
20,6 g KH		6,5 %

Zubereitungszeit ca. 15 Min
Zeit zum Festwerden ca. 4 Std

1. In einen kleinen Topf 6 EL kaltes Wasser geben und die Gelatine damit verrühren. Die Gelatine 10 Minuten zum Quellen stehen lassen.

2. Inzwischen die Buttermilch mit dem Johannisbeernektar und dem Zucker verrühren. Nach der Quellzeit die Gelatine bei mittlerer Hitze auflösen, aber nicht kochen lassen. Von dem Buttermilchgemisch eine kleine Menge zur Gelatine geben und damit vermischen. Die restliche Flüssigkeit unter Rühren dazugeben.

3. Die Fruchtspeise in Portionsschälchen oder in eine große Schüssel gießen und zum Erstarren in den Kühlschrank stellen.

Tipp

Diese Fruchtspeise lässt sich mit jedem Fruchtsaft oder –nektar zubereiten. Lediglich die Zuckermenge muss angepasst werden. Interessant sieht der Nachtisch aus, wenn die steif gewordene Fruchtspeise in Würfel geschnitten und mit frischen Früchten gemischt serviert wird.

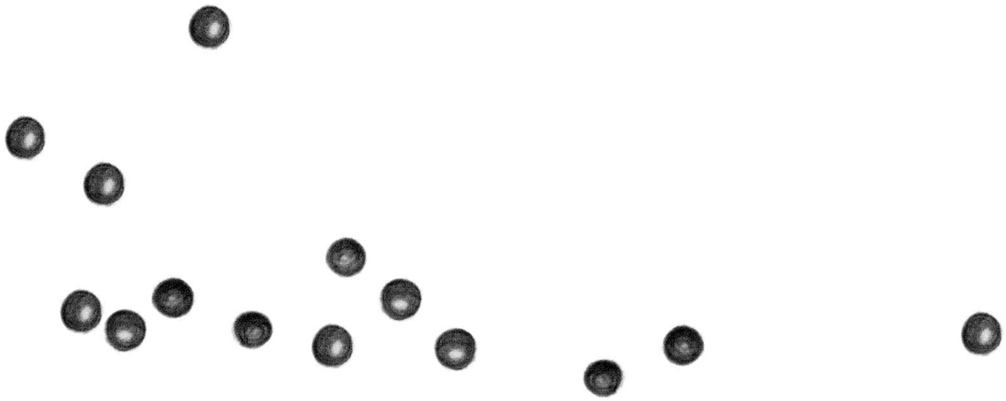

HERBST

SCHNEIDERSUPPE

150 g	Backpflaumen
50 g	Gerstengraupen
1 l	Wasser
2 EL	Zucker
2 TL	Orangenschale, gerieben
1 Msp.	Zimt
1 Prise	Salz
1 l	Wasser

Pro Portion ca.

165/693 kcal/kJ	7,5 %
2,2 g E	3,0 %
0,4 g F	0,6 %
36,7 g KH	11,6 %

Zubereitungszeit ca. 35 Min
Einweichzeit ca. 12 Std
Abkühlzeit ca. 3 Std

1. Die Gerstengraupen abspülen, in einen Topf geben und mit einem ¾ l Wasser begießen. Die Graupen bei geschlossenem Deckel über Nacht einweichen lassen.

2. Die Backpflaumen abspülen, halbieren und in eine Schüssel geben. Das restliche Wasser über die Backpflaumen gießen und die Schüssel abgedeckt über Nacht im Kühlschrank stehen lassen.

3. Nach dem Einweichen die Graupen mit dem Einweichwasser zum Kochen bringen. Den Zucker, die Orangenschale, den Zimt und das Salz zugeben und 20 Minuten kochen lassen. Anschließend die Backpflaumen hinzufügen und kurz aufkochen. Die Suppe vom Herd nehmen und abkühlen lassen. Die Schneidersuppe wird kalt serviert.

KÜRBISSUPPE

1100 g	Kürbis
200 g	Äpfel
60 g	Zwiebel
60 g	Knollensellerie
½ l	Wasser
1	kl. Knoblauchzehe
2 TL	Jodsalz
1 TL	Zucker
10 g	Kürbiskerne
1 EL	Rapsöl
150 g	Sahne, saure

pro Portion ca.

180/744 kcal/kJ	8,2 %
4,8 g E	6,5 %
9,0 g F	13,6 %
18,4 g KH	5,8 %

1. Den Kürbis waschen und vierteln. Mit einem Löffel die faserigen Teile und die Kerne herausschaben. Den Kürbis in handliche Stücke teilen, schälen und würfeln.

Zubereitungszeit 50 Min

2. Den Knollensellerie putzen und in kleine Würfel schneiden. Den Knoblauch und die Zwiebel pellen. Die Zwiebel fein würfeln. Den Apfel schälen, vierteln, vom Kerngehäuse befreien und in grobe Stücke teilen.

3. Das Rapsöl in einem großen Topf erhitzen. Die Kürbiskerne bei mittlerer Hitze darin leicht anrösten. Die Kerne herausnehmen und beiseite stellen.

Die gewürfelten Zwiebeln in demselben Topf unter Zugabe von etwas Wasser andünsten. Den Kürbis, den Sellerie, den Apfel und ½ l Wasser hinzufügen und alles bei geschlossenem Deckel zum Kochen bringen. Bei mittlerer Hitze in ca. 10 Minuten das Gemüse weich kochen. Den Knoblauch durch eine Presse drücken und an die Suppe geben. Alles zusammen mit dem Stabmixer fein pürieren.

4. Die Hälfte der sauren Sahne unter die Suppe rühren. Die Suppe auf die Teller verteilen. Mit der restlichen sauren Sahne die Suppe so durchziehen, dass ein schönes Muster entsteht. Zuletzt die gerösteten Kürbiskerne über die Suppe streuen.

LAMMKEULE MIT ...

für 10 Portionen
ca. 3 kg Lammkeule

4 l	Buttermilch
1 l	Wasser
300 g	Möhren
300 g	Butterrüben
60 g	Butterfett
2	Zwiebeln
4	Lorbeerblätter
1 EL	Pfefferkörner, weiß
1 EL	Pimentkörner
etwas	Salz

Pro Portion ca.

667/2788	kcal/kJ	30,3 %
46,7 g	E	63,1 %
52,1 g	F	78,9 %
2,5 g	KH	0,8 %

Zubereitungszeit ca. 40 Min
Marinierzeit 3–4 Tage
Garzeit ca. 2 Std
Backofentemperatur 250° C

1. Die Lammkeule waschen und in einen Bratentopf legen. Die Gewürze hinzufügen, mit 2 l Buttermilch übergießen und im Kühlschrank mit Deckel verschlossen stehen lassen. Sollte das Fleisch nicht vollständig bedeckt sein, wird die Keule nach einem Tag gewendet. Das Fleisch nach der Hälfte der Marinierzeit herausnehmen und auf einen Teller legen. Die Buttermilch aus dem Topf gießen und die Gewürze mit einem Sieb auffangen. Die Lammkeule wieder in den Bratentopf legen, die Gewürze hinzufügen, mit der restlichen Buttermilch aufgießen und zu Ende marinieren.

2. Die Möhren und die Butterrüben schälen, waschen und in etwa 1 cm große Würfel schneiden. Die Zwiebeln pellen, waschen, vierteln und in dicke Scheiben schneiden. Die Lammkeule aus der Marinade nehmen, abspülen und trocken tupfen.

3. In dem sauberen und trockenen Bratentopf die Hälfte von dem Butterfett erwärmen und die gewürfelten Möhren sowie Butterrüben zugeben. Das Gemüse bei starker Hitze rundherum braun rösten, die Zwiebeln zugeben und glasig werden lassen. Das Röstgemüse auf einen Teller geben und zur Seite stellen. Den Backofen auf 250° C vorheizen. Anschließend das restliche Butterfett in den Bratentopf geben und erhitzen. Die Lammkeule darin von allen Seiten anbraten und jeweils die gebräunte Seite salzen. Das Röstgemüse zu dem Fleisch geben und mit einem l Wasser begießen. Den Bratentopf mit einem Deckel verschließen und in den Ofen schieben.

4. Die Lammkeule nach 30 Minuten wenden und weitere 30 Minuten garen. Anschließend das Fleisch erneut umdrehen und ohne Deckel

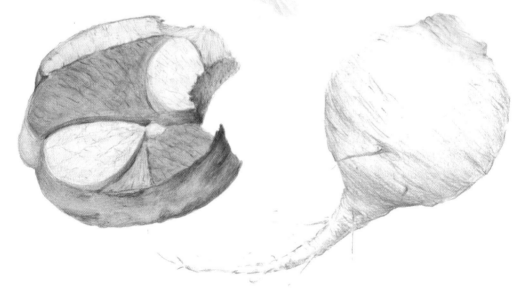

... RAHMGRÜNKOHL

nochmals 60 Minuten garen. Zwischendurch die Keule nach Bedarf mit Bratensaft begießen und nach der Hälfte der Zeit wiederum wenden. Das Fleisch ist gut, wenn beim Einstich mit einer Gabel wenig Widerstand zu spüren ist. Die Lammkeule herausnehmen und auf ein Schneidebrett legen. Das Röstgemüse mit dem Bratensaft in einen hohen Behälter füllen und mit einem Stabmixer pürieren. Falls die Soße zu dick ist, etwas Wasser dazugeben. Aus der Lammkeule den Knochen herauslösen und das Fleisch in Scheiben schneiden. Die Fleischscheiben auf einer Platte anrichten und die Soße dazu reichen.

Dazu passen: Rahmgrünkohl und Salzkartoffeln.

1000 g	Grünkohl
250 g	Sahne
⅛ l	Wasser
1 TL	Salz

Pro Portion ca.

158/656 kcal/kJ	7,2 %
7,9 g E	10,7 %
11,4 g F	17,3 %
5,2 g KH	1,6 %

Zubereitungszeit ca. 25 Min
Kochzeit ca. 50 Min

1. Die Grünkohlblätter von den Stielen streifen und gründlich waschen. Jeweils ein paar Blätter übereinanderlegen und in etwa 1 cm breite Streifen schneiden. Den Grünkohl in einen Topf geben, das Salz und das Wasser hinzufügen und den Kohl bei mittlerer Hitze 20 Minuten kochen.

2. Die Sahne dazugeben und das Gemüse weitere 30 Minuten garen. Den Grünkohl während-

dessen gelegentlich umrühren und eventuell etwas Wasser nachgießen, damit der Kohl nicht anbrennt. Am Ende der Kochzeit sollte die gesamte Flüssigkeit verdunstet sein.

RINDERWURST MIT SENFSOSSE

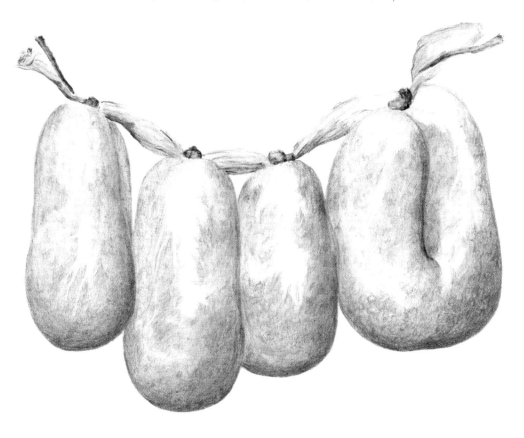

Info

Die Rinderwurst ist eine lippische Spezialität, die im Herbst
auf fast jeder Kirmes angeboten
wird. Hergestellt wird die Rinderwurst aus magerem Rindfleisch,
Gerstengrütze, Butter und Gewürzen. Früher wurde ein Teil
des Rindfleisches durch Innereien
ersetzt und anstelle von Butter
wurde Rindertalg verwendet.
Anstatt die Rinderwurst im Wasser zu erwärmen, kann die
Wurstmasse auch ohne die Pelle
in der Pfanne erhitzt werden. Der
Genuß der Rinderwurst wird von
den Lippern gern mit einem
Schnaps abgerundet.

4	Rinderwürste
	(ca. 950 g)
40 g	Butter
40 g	Mehl
½ l	Wasser
1	Zwiebel, klein
2 EL	Senf, mittelscharf
1 EL	Zitronensaft
2 TL	Zucker
1 gestr. TL	Salz

Pro Portion ca.

420/1760 kcal/kJ	19,1 %
28,8 g E	38,9 %
25,0 g F	37,9 %
19,5 g KH	6,2 %

Zubereitungszeit ca. 20 Min

1. Die Rinderwürste abwaschen, in einen Topf legen und mit Wasser bedecken. Das Wasser bis zum Siedepunkt erhitzen, aber nicht kochen lassen. Die Rinderwürste im heißen Wasser 5–10 Minuten ziehen lassen.

2. Inzwischen die Zwiebel pellen, waschen, fein würfeln und bereitstellen. Die Butter in einen Topf geben und zum Schmelzen bringen. Die Zwiebeln hinzufügen und in der Butter glasig braten. Das Mehl unter Rühren zugeben und hellbraun anschwitzen. In die Mehlschwitze mit einem Schneebesen ½ l Wasser einrühren und etwa 2 Minuten kochen lassen. Den Senf, den Zitronensaft, den Zucker und das Salz hinzufügen und abschmecken.

3. Die Rinderwürste werden heiß serviert und aus der Pelle gedrückt mit Senfsoße gegessen.

Dazu passen Pellkartoffeln und saure Gurken.

RÄUCHERAAL
MIT MEERRETTICHSAHNE

300 g	Aalfilet, geräuchert
60 g	Meerrettich
2	Äpfel, klein, unbehandelt
2 EL	Zitronensaft
1 gestr. TL	Zucker
etwas	Salz

Pro Portion ca.

375/1566 kcal/kJ	17,0 %
14,7 g E	19,9 %
31,6 g F	47,9 %
7,4 g KH	2,3 %

Zubereitungszeit ca. 35 Min
Backofentemperatur 80° C

1. Den Meerrettich schälen, waschen, fein reiben und in eine Schüssel geben. Den Zitronensaft darüber träufeln und mit dem Meerrettich vermischen. Den Backofen auf 80° C vorheizen.

2. Die Äpfel waschen, einen Apfel schälen, vierteln, das Kerngehäuse entfernen, grob raspeln und unter den Meerrettich mischen. Den anderen Apfel mit Schale ebenfalls vierteln und das Kerngehäuse entfernen. Die Viertel in feine Stifte schneiden und in die Schüssel geben. Den Zucker sowie das Salz darüber streuen und mit dem Rest vermischen.

3. Das geräucherte Aalfilet in acht gleich große Stücke schneiden und auf ein mit Backpapier belegtes Backblech legen. Das Blech auf mittlerer Schiene in den vorgeheizten Backofen schieben und den Räucheraal in etwa 10 Minuten durchwärmen lassen. Der Aal soll dabei nicht zu heiß werden, da sonst das Fett austritt.

4. Die Sahne mit einem Mixer gut steif schlagen und unter die Meerrettich-Apfelmischung ziehen. Die Meerrettichsahne wird zu dem warmen Räucheraal serviert.

Dazu passt warmer Kartoffelsalat oder Weißbrot.

WARMER KARTOFFELSALAT

1000 g	Kartoffeln, fest kochend
1	Möhre, groß
1	Zwiebel
½ l	Wasser
2 Stängel	Selleriegrün
½ Bund	Petersilie
3 EL	Rapsöl
2 EL	Mehl
2 EL	Apfelessig
1 TL	Zucker
1 TL	Salz
etwas	Pfeffer, weiß

Pro Portion ca.

341/1421 kcal/kJ	15,5 %
5,7 g E	7,7 %
15,2 g F	23,0 %
42,6 g KH	13,5 %

Zubereitungszeit ca. 45 Min
Zeit zum Durchziehen ca. 30 Min

1. Die Kartoffeln waschen, in einen Topf geben und mit Wasser bedeckt zum Kochen bringen. Bei mäßiger Hitze die Pellkartoffeln in etwa 25 Minuten gar kochen und anschließend das Wasser abgießen.

2. Inzwischen die Petersilie und das Selleriegrün abspülen. Die eine Hälfte der Petersilie fein hacken und zur Seite stellen. Das Selleriegrün und die andere Hälfte der Petersilie in einen Topf geben, mit ½ l Wasser aufgießen, 1 TL Salz hinzufügen und zum Kochen bringen.

3. Währenddessen die Möhre schälen, waschen und grob raspeln. Die zerkleinerte Möhre in den Topf zu den Kräutern geben und 5 Minuten kochen lassen.

Danach die Petersilie und das Selleriegrün aus der Gemüsebrühe nehmen.

4. Die Zwiebel pellen, waschen, fein würfeln. Das Öl in einer Pfanne erhitzen und die Zwiebelwürfel darin glasig braten. Das Mehl hinzufügen und hellbraun anschwitzen. Die Gemüsebrühe unter ständigem Rühren in die Mehlschwitze geben und 2 Minuten kochen lassen. Die Soße mit dem Essig, dem Zucker sowie etwas Salz und Pfeffer abschmecken.
Den Backofen vorheizen.

5. Die Kartoffeln pellen, der Länge nach vierteln und in knapp 1 cm dicke Scheiben schneiden. Die Kartoffelscheiben in eine Schüssel geben, die Soße und die gehackte Petersilie hinzufügen und behutsam unterheben. Den Salat in den Backofen stellen und etwa 30 Minuten ziehen lassen. Der Kartoffelsalat wird warm serviert und überwiegend zu Fisch gegessen.

HIRSCHRAGOUT

600 g	Hirschfleisch
250 g	Pastinaken
150 g	Maronenpilze, ge-putzte
2	Zwiebeln, groß
4 EL	Rapsöl
⅛ l	Nektar von schwar-zen Johannisbeeren
¾ l	Wasser
1 geh. EL	Mehl
etwas	Jodsalz, Pfeffer und Piment

Pro Portion ca.

322 / 1336 kcal/kJ	14,6 %
33,4 g E	45,1 %
15,3 g F	23,2 %
10,8 g KH	3,4 %

Zubereitungszeit ca. 80 Min

1. Das Hirschfleisch von Sehnen und Adern befreien und gründlich abwaschen. Das Fleisch in etwa 2 x 2 cm große Würfel schneiden und zum Abtropfen in einen Durchschlag geben.

2. Die Zwiebeln pellen, waschen und in Würfel schneiden. Das Rapsöl in einem großen Topf erhitzen. Das Hirschfleisch gegebenenfalls mit Küchenpapier

trockentupfen und in dem Öl von allen Seiten anbraten. Anschließend mit Salz, Pfeffer und Piment würzen.

3. Die Zwiebelwürfel dazugeben und goldgelb werden lassen. Den Johannisbeernektar zu dem Fleisch gießen und unter Rühren

verkochen lassen. Das Mehl über das Ragout streuen und leicht anbräunen lassen. Das Fleisch dabei ständig bewegen. ¾ l möglichst heißes Wasser in den Topf geben. Das Hirschra-

gout bei geschlossenem Deckel in etwa 45–60 Minuten garen. Da die Garzeit stark von der Fleischqualität abhängt, das Fleisch während des Garvorgangs mehrmals prüfen.

4. Währenddessen die Pastinaken schälen, waschen und in etwa 1 x 1 cm große Würfel schneiden. Die geputzten und gewaschenen Waldpilze in etwa 2 cm lange und ½ cm breite Streifen oder Scheiben schneiden.

5. Die Pastinaken und Maronen etwa 15 Minuten vor Garzeitende zu dem Ragout geben und mitkochen lassen. Die Soße mit den Gewürzen abschmecken.

Das Hirschragout zu Salzkartoffeln oder Kartoffelbrei und einem grünen Salat servieren.

Info

Die Pastinake ist eine alte europäische Kulturpflanze, die schon seit der Bronzezeit bekannt ist.

Durch die Einführung der Kartoffel und der Möhre wurde die Urwurzel verdrängt. Der würzige, leicht süßliche Geschmack der Pastinake erinnert an Möhre und Wurzelpetersilie. Vom Spätherbst bis zum Frühjahr wird das kaliumreiche Gemüse angeboten.

WILDPASTETCHEN

Für den Teig

450 g	Mehl
200 g	Butter
2	Eier
1 Msp.	Backpulver
etwas	Salz
etwas	Mehl zum Arbeiten

Zum Bestreichen

1 EL	Milch 3,5 %
1 TL	Zucker

Pro Stück ca.

428/1792 kcal/kJ	19,5 %
17,9 g E	24,2 %
25,2 g F	38,2 %
32,3 g KH	10,2 %

Zubereitungszeit ca. 1 Std 15 Min
Teigruhe mind. 4 Std
Backzeit ca. 40 Min
Backofentemperatur 190° C

Für die Füllung

250 g	Wildschweinfleisch
250 g	Bauchfleisch
150 g	Schweinefleisch
120 g	Kalbsleber
3	Eier
2	Brötchen, altbacken
1	Zwiebel, klein
2 geh. EL	Salbei, frisch, gehackt
2 TL	Salz
2 TL	Piment
1 gestr. TL	Pfeffer
½ TL	Muskatnuss

1. Die Butter in kleine Stückchen schneiden und in eine Schüssel geben. Die Eier sowie das Salz hinzufügen und mit der Butter vermengen. Das Backpulver mit dem Mehl vermischen und portionsweise unter die Buttermasse kneten. Ist der Teig zu fest, kann bis zu 1 EL Wasser zugegeben werden. Buttermürbeteige sind besonders wärmeempfindlich. Da auch die Handwärme auf den Teig übergeht, sollte er nicht zu lange bearbeitet werden. Den fertigen Mürbeteig auf einen Teller legen, abdecken und mindestens 4 Stunden an einem kühlen Ort ruhen lassen.

2. Die Brötchen in genügend Wasser einweichen und zwischendurch einmal wenden. Das Bauchfleisch abspülen und die Schwarte entfernen. Die Knochen sowie die Knorpel herauslösen und das Bauchfleisch in kleine Würfel schneiden. Die Würfel in eine beschichtete Pfanne geben und den Speck bei mittlerer Hitze auslassen. Inzwischen die Leber abspülen und in etwa 2 cm große Stücke schneiden. Die Zwiebel pellen, waschen und fein würfeln. Die Leber zu dem ausgelassenen Speck geben und von allen Sei-

ten kurz andünsten. Anschließend die gewürfelte Zwiebel hinzufügen und glasig werden lassen. Die Pfanne vom Herd nehmen und zur Seite stellen.

3. Das Wild- und Schweinefleisch abspülen und in grobe Würfel schneiden. Die Fleischwürfel in eine Küchenmaschine mit Hackmesser geben und sehr fein zerkleinern. Alternativ dazu kann auch ein Fleischwolf mit feiner Scheibe benutzt werden. Die Brötchen gut ausdrücken und zu dem zerkleinerten Fleisch geben. Den Pfanneninhalt, die Eier und die Gewürze, bis auf den Salbei, hinzufügen und ebenfalls sehr gründlich zerkleinern. Das Hackmesser entfernen und den Salbei mit einem Löffel unter die Fleischmasse rühren.

4. Den Mürbeteig auf einer leicht bemehlten Tischplatte etwa 2–3 mm dick ausrollen. Mit einem runden Ausstecher oder einem Glas jeweils 12 große Kreise für die Muffinformen und 12 kleinere Kreise als Pastetendeckel ausstechen. In die Mitte der Pastetendeckel wird mit einem kleinen Ausstecher eine dekorative Öffnung gestochen. Die übrigen Kreise werden vorsichtig jeweils in eine beschichtete Muffinform gelegt und mit den Fingern der Form angepasst. Die Teigkreise sollten so groß sein, dass der Mürbeteig etwa 1 cm aus der Form heraussteht. Den Backofen auf 190° C vorheizen.

5. Die Fleischmasse in die mit Teig ausgelegten Muffinformen geben. Dabei die Masse nur bis zum Rand der Formen füllen und anschließend etwas andrücken, damit keine Hohlräume entstehen. Die hoch stehenden Teigränder mit Wasser einstreichen, die Pastetendeckel auflegen und mit dem Teigrand durch Zusammendrücken verbinden. Aus dem Restteig werden kleine Verzierungen gearbeitet, die mit Wasser auf die Pastetendeckel geklebt werden.

6. Die Milch mit dem Zucker verrühren und die Teigdeckel damit dünn bestreichen. Die Pastetchen auf der mittleren Schiene im Backofen etwa 40 Minuten backen. Die Wildpastetchen werden als Vorspeise oder als Zwischengericht sowohl warm als auch kalt verzehrt.

Variation

Die Wildpastete lässt sich auf vielfältige Weise verändern. Das Schweinefleisch kann durch Wildschweinfleisch ersetzt werden. Auch die Verwendung von anderem Wildfleisch, z. B. Reh oder Hase, ist möglich. Etwas feiner im Geschmack werden die Pastetchen, wenn anstatt der Kalbsleber für die Fleischfüllung Geflügelleber verwendet wird. Frittierte Salbeiblätter sind eine delikate Beilage zu den Wildpastetchen. Die Salbeiblätter werden abgespült und mit einem Tuch trockengetupft. In heißem Butterfett werden die Salbeiblätter etwa 15–30 Sekunden frittiert und zu den Pastetchen gereicht.

MANGOLDSTIELE ZU ...

2. Von den Mangoldstielen das untere Ende ab- und schadhafte Stellen herausschneiden. Die Stiele waschen und längs in etwa 1 cm breite Streifen schneiden. Anschließend die

2 cm lange Streifen schneiden. Den Käse auf einer Reibe fein raspeln. Von den Mangoldstielen ¼ l Wasser abgießen, die Milch dazugeben und bereitstellen.

4. Die Butter in einer Pfanne erhitzen, das Mehl hinzufügen und unter Rühren hellbraun schwitzen. Die Mehlschwitze mit der bereitgestellten Flüssigkeit ablöschen und zu einer glatten Soße verrühren. Den Käse und das klein geschnittene Mangoldblatt mit der Soße vermischen. Das restliche Wasser von den Mangoldstücken abgießen und die Soße unter das Gemüse heben.

1800 g	Mangold
¼ l	Milch 1,5 %
40 g	Butter
35 g	Gouda, mittelalt
2 geh. EL Mehl	
2 TL	Salz
1 TL	Zucker
1 TL	Apfelessig

Pro Portion ca.

218/913 kcal/kJ	9,9 %
10,9 g E	14,7 %
12,6 g F	19,1 %
15,4 g KH	4,9 %

Zubereitungszeit ca. 60 Min

1. Aus dem Mangold die Stiele keilförmig herausschneiden. Ein Mangoldblatt für die Soße zur Seite legen. Die übrigen Blätter können wie Spinatblätter, z. B. für Rahmspinat s. S. 34, verwendet werden.

Mangoldstreifen in 5 cm lange Stücke teilen und in einen Topf geben. Das Salz, den Zucker, den Essig sowie ½ l Wasser hinzufügen und zum Kochen bringen. Die Mangoldstücke bei schwacher Hitze köcheln lassen und nach 10 Minuten vom Herd nehmen.

3. Inzwischen das zurückgelegte Mangoldblatt waschen und anschließend in dünne, etwa

Tipp

Da sich die Stiele länger frisch halten, ist es günstig die Mangoldblätter zuerst zu verarbeiten. Es ist auch möglich die Blätter zu blanchieren und tiefgekühlt aufzubewahren. Bei dem oben angegebenen Rezept bleiben etwa 500 g Mangoldblätter zurück. Wird, wie z. B. für das Rahmspinatrezept s. S. 34, eine größere Menge Gemüse benötigt, kann diese durch Mangold mit Stiel ergänzt werden.

86

... PILZFRIKADELLEN

200 g	Champignons, braune
100 g	Pfifferlinge
120 g	Haferflocken, kernige
300 ml	Wasser
4 EL	Rapsöl
1 TL	Salz
3 Stängel	Dost, getrocknet (Oreganum vulgare)

Pro Portion ca.

237/995 kcal/kJ	10,8 %
6,6 g E	8,9 %
12,5 g F	18,9 %
23,4 g KH	7,4 %

Zubereitungszeit ca. 60 Min
Abkühlzeit ca. 3 Std

1. Die Pfifferlinge und Champignons von Wurzelresten und schadhaften Stellen befreien. Anschließend die Pilze waschen und in kleine Würfel schneiden.

2. Das Wasser in einen Topf geben, das Salz hinzufügen und zum Kochen bringen. Die klein geschnittenen Pilze in das kochende Wasser geben und 2 Minuten kochen lassen. Mit einem Schaumlöffel die Pilze aus dem Wasser nehmen, auf einen Teller geben und zur Seite stellen.

3. Den Topf mit dem Pilzwasser auf den Herd stellen und erneut zum Kochen bringen. Die Haferflocken zugeben und unter Rühren etwa 5 Minuten kochen lassen.

Die Dostblätter von den Stängeln streifen, zerbröseln und zu der Haferflockenmasse geben. Die Pilze ebenfalls hinzufügen, die Masse durchrühren und zum Abkühlen zur Seite stellen.

4. Aus der abgekühlten Haferflockenmasse mit nassen Händen 8 Frikadellen formen. Das Paniermehl auf einen Teller geben und die Frikadellen darin wälzen.

5. In einer beschichteten Pfanne 2 EL Rapsöl erhitzen und die Frikadellen bei mittlerer Hitze von jeder Seite etwa 10 Minuten braten. Nach dem Wenden das restliche Öl zugeben.

Dazu passen Mangoldstiele und Salzkartoffeln.

Info

Der Dost, auch wilder Majoran oder Schusterkraut genannt, ist die einzige Oregano-Art, die im mitteleuropäischen Raum gedeiht. Die etwa 60 cm hohe Pflanze wächst an sonnigen, warmen Standorten und zeigt von Juni bis September ihre rosa Blüten.
Verwendet werden die frischen und getrockneten Blätter sowie die Blüten der Pflanze. Speisen, die mit Dost gewürzt werden, sind auf Grund seiner ätherischen Öle und Gerbstoffe besser verträglich.

STECKRÜBENEINTOPF

900 g	Steckrübe
900 g	Kartoffeln
400 g	Möhren
300 g	Schweinebauch, mager
2 EL	Rapsöl
¾ l	Wasser
2 EL	Petersilie, gehackt
2 TL	Salz
etwas	Pfeffer

pro Portion ca.

391/1634 kcal /kJ	17,7 %
18 g E	25 %
14 g F	21 %
43 g KH	14 %

Zubereitungszeit 1 Std 30 Min

1. Die Steckrübe schälen, waschen und in ca. ½ cm dicke Scheiben schneiden. Diese zu etwa 4 cm langen Stiften verarbeiten.

2. Die Möhren putzen, waschen und in knapp ½ cm dicke Scheiben schneiden. Sehr dicke Möhren werden vorher halbiert. Die Kartoffeln schälen, waschen und mit Wasser bedeckt stehen lassen. Sie werden später in mittelgroße Würfel geschnitten.

3. Das Bauchfleisch von Schwarte und Knorpel befreien und in 1 cm breite Streifen schneiden.

4. Das Öl in einem großen Topf erhitzen. Die Fleischstreifen darin bei starker bis mittlerer Hitze braten, bis sie von allen Seiten

braun sind. Währenddessen die Kartoffeln in mittelgroße Würfel schneiden. Kurz vor Ende des Bratvorgangs das Fleisch mit einer Prise Salz und etwas Pfeffer würzen.

5. Das Gemüse auf das Fleisch geben und mit einem ¾ l Wasser begießen, Salz zugeben und bei starker Hitze unter mehrfachem Umrühren in ca. 20 Minuten gar kochen.

ZWETSCHGEN & KARTOFFELN

1000 g	Zwetschgen
1000 g	Kartoffeln
150 g	Speck, geräuchert, durchwachsen
50 g	Zucker
⅛ l	Wasser
2	Zwiebeln
2 TL	Salz

Pro Portion ca.

485/2025 kcal/kJ	22,0 %
8,8 g E	11,9 %
22,5 g F	34,1 %
57,8 g KH	18,3 %

Zubereitungszeit ca. 55 Min

1. Die Kartoffeln schälen, waschen und in 1 cm große Würfel schneiden. Die Kartoffelwürfel in einen großen Topf geben, mit Wasser bedecken, das Salz hinzufügen und in etwa 10 Minuten gar kochen.

2. Inzwischen die Zwetschgen waschen, halbieren und entsteinen. Die halben Früchte mit dem Wasser in einen Topf geben, den Zucker hinzufügen und etwa 5 Minuten kochen lassen. Die Zwetschgen sollten weich sein, aber noch nicht zerfallen. Je nach Reifegrad benötigen die Früchte hierfür eine längere oder kürzere Kochzeit.

3. Wahrenddessen den Speck in sehr feine Würfel schneiden und in einer beschichteten Pfanne bei mäßiger Hitze auslassen. Inzwischen die Zwiebeln pellen, waschen und in kleine Würfel schneiden. Die Zwiebelwürfel zu den kross gebratenen Speckwürfelchen geben und goldgelb dünsten.

4. Die Speck-Zwiebel-Mischung mit den gekochten Kartoffeln vermengen und anschließend die gekochten Zwetschgen darunterheben. Den Eintopf vor dem Servieren noch etwa 10 Minuten ziehen lassen.

STECKRÜBENGEMÜSE

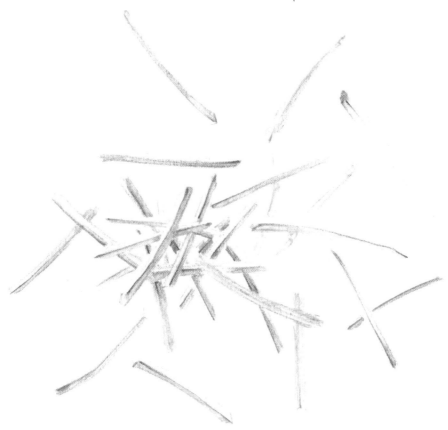

1000 g	Steckrübe
20 g	Butter
1 geh. EL	Zucker
2 gestr. EL	Mehl
1 TL	Jodsalz
125 ml	Wasser

pro Portion ca.

178/744 kcal/kJ	8,1 %
2,7 g E	3,6 %
4,7 g F	7,1 %
30,9 g KH	9,8 %

Zubereitungszeit 45 Min

1. Die Steckrübe waschen, schälen und in feine Streifen schneiden.

2. Die Butter in einer großen Deckelpfanne bei mittlerer Hitze schmelzen. Zucker und Mehl bereitstellen, den Zucker in die geschmolzene Butter geben und unter Rühren leicht bräunen. Das Mehl ebenfalls in die Pfanne geben und glatt rühren. Das Wasser unter ständigem Rühren zugeben, bis eine sämige Soße entsteht.

3. Die Steckrüben in die Soße geben, mit dem Salz bestreuen und alles gut miteinander vermischen. Bei geschlossenem Deckel das Gemüse kurz ankochen, anschließend bei mittlerer Hitze in ca. 20 Minuten bissfest garen. Die Steckrüben dabei gelegentlich wenden.

Tipp

Das Steckrübengemüse kann mit Sauerrahm verfeinert werden. Diese Variante ist nicht klassisch lippisch, aber sehr schmackhaft. Nach Ende der Garzeit werden 2 geh. EL Sauerrahm unter die Steckrüben gehoben.

DIE STECKRÜBE

schmack noch im äuße-
ren Erscheinungsbild der
Ananas. Der reguläre
Name für diese Gemüse-
pflanze ist Kohlrübe. Je nach
Region wird sie Steckrübe, Wru-
ke oder Unterkohlrabi genannt. Auf
lehmigen Böden, bei genügendem
Niederschlag und kühlen Temperaturen
gedeiht die Pflanze gut. Geerntet wird sie im
Oktober und November und bereichert mit ihrem
milden Geschmack den Speisezettel der kalten Jahreszeit.

Zu Unrecht wird die Steckrübe oft als Viehfutter oder min-
derwertiges Gemüse eingestuft. Sie ist reich an Kalium und
Vitamin B 6. In 100 g roher Steckrübe befindet sich etwa die
halbe Tagesration an Vitamin C für einen Erwachsenen.

Info

In Lippe wird sie liebevoll "Lippische
Ananas" genannt. Wahrscheinlich wegen des gelben Fruchtfleisches, denn
ansonsten ähnelt sie weder im Ge-

ROTKOHLSALAT

750 g	Rotkohl
1	Zitrone, unbehandelt
2 EL	Rapsöl
2 EL	Zucker
1 geh. TL	Salz
etwas	Piment, gemahlen
etwas	Nelke, gemahlen

Pro Portion ca.

118 / 491 kcal / kJ	5,4%
2,2 g E	3,0%
5,3 g F	8,0%
14,8 g KH	4,7%

Zubereitungszeit ca. 26 Min
Zeit zum Durchziehen ca. 1 Std

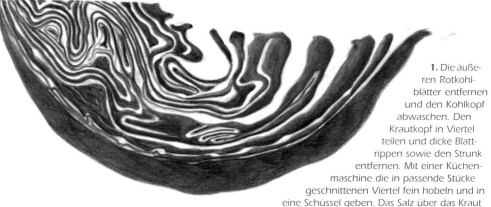

1. Die äußeren Rotkohlblätter entfernen und den Kohlkopf abwaschen. Den Krautkopf in Viertel teilen und dicke Blattrippen sowie den Strunk entfernen. Mit einer Küchenmaschine die in passende Stücke geschnittenen Viertel fein hobeln und in eine Schüssel geben. Das Salz über das Kraut streuen, durchmischen und mit einem Kartoffelstampfer so lange durchstampfen, bis der Kohl weicher wird und etwas Saft austritt.

2. Die Zitrone abwaschen und etwa ¼ der gelben Schale auf einer Muskatnussreibe abreiben. Die Zitrone durchschneiden und den Saft auspressen. Die abgeriebene Zitronenschale und 2 EL Zitronensaft zu dem fein geschnittenen Rotkraut geben. Das Öl, den Zucker sowie die Gewürze hinzufügen und gründlich durchmischen. Vor dem Servieren 1 Stunde ziehen lassen.

WEISSKOHLSALAT

750 g	Weißkohl
1	Zwiebel, klein
2 EL	Rapsöl
2 TL	Apfelessig
1 geh. TL	Salz
1 TL	Zucker
etwas	Pfeffer, weiß
etwas	Kümmel, gemahlen

Pro Portion ca.

87 / 369 kcal / kJ	4,0 %
2,0 g E	2,7%
5,3 g F	8,0%
7,6 g KH	2,4%

Zubereitungszeit ca. 20 Min
Zeit zum Durchziehen ca. 1 Std

1. Von dem Weißkohl die äußeren Blätter entfernen und den Kohl abwaschen. Den Kohlkopf vierteln, die dicken Blattrippen und den Strunk herausschneiden. Die Weißkohlviertel in handliche Stücke schneiden und mit einer Küchenmaschine fein hobeln. Den zerkleinerten Kohl in eine Schüssel geben, das Salz hinzufügen und mit dem Kraut vermengen. Mit einem Kartoffelstampfer oder mit den Händen den Weißkohl so lange durchstampfen bzw. durchkneten, bis Saft austritt und das Kraut weicher wird.

2. Die Zwiebel pellen, waschen, vierteln und in feine Scheiben schneiden. Die klein geschnittene Zwiebel, das Öl, den Essig, den Zucker und die Gewürze zu dem Kraut geben und durchmengen. Den Krautsalat vor dem Verzehr etwa 1 Stunde ziehen lassen.

Tipp

Da die dicken Blattrippen der größeren Blätter nicht so gut durchziehen ist es vorteilhaft, einen möglichst kleinen Kohlkopf zu kaufen.

FESTTAGSPUFFER MIT APFELBREI

Für die Puffer

1500 g	Kartoffeln
200 g	Frischkäse
60 g	Speisestärke
5 EL	Rapsöl
4	Eier
1	Zwiebel
2 TL	Salz

Pro Portion ca.

570/2379 kcal/kJ	25,9 %
16,5 g E	22,3 %
30,1 g F	45,6 %
56,0 g KH	17,7 %

Zubereitungszeit ca. 1 Std 15 Min

1. Die Zwiebel pellen, waschen, in feine Würfel schneiden und zur Seite stellen.

2. Die Kartoffeln schälen, waschen und mit einer Küchenmaschine fein reiben. Die geriebenen Kartoffeln in eine Schüssel füllen, die Speisestärke, die Zwiebel sowie das Salz hinzufügen und verrühren. Den Frischkäse mit den Eiern verquirlen, zu dem Kartoffelteig geben und gut durchmischen.

3. In einer beschichteten Pfanne 2 EL Öl erhitzen. In das heiße Öl mit einer Schöpfkelle vier Portionen Kartoffelteig geben. Bei mittelstarker Hitze die Puffer von beiden Seiten goldbraun backen. Jeweils etwas Öl nachgießen, bevor erneut Kartoffelteig in die Pfanne gegeben wird.

Für den Apfelbrei

1000 g	Äpfel, mürbe
100 g	Zucker
etwas	Vanillezucker

Pro Portion ca.

190/797 kcal/kJ	8,6 %
0,5 g E	0,7 %
0,8 g F	1,2 %
43,8 g KH	13,9 %

Zubereitungszeit ca. 25 Min

1. Die Äpfel waschen, schälen, vierteln und das Kerngehäuse entfernen. Die Apfelviertel in zwei Spalten teilen, in etwa 1 cm dicke Stücke schneiden und in einen Topf geben. Den Zucker und etwas Wasser zu den Apfelstücken geben und etwa 5 Minuten kochen lassen. Die weichen Apfelstücke mit einem Stabmixer je nach Geschmack fein oder grob zerkleinern. Den Apfelbrei mit etwas Vanillezucker abschmecken und warm oder kalt servieren.

APFELKLÖSSE

500 g	Äpfel, fest, aromatisch
350 g	Mehl
80 g	Butter
4 EL	Zucker
2	Eier
1 TL	Salz
1 gestr. TL	Zimt

pro Portion ca.

621/2600 kcal/kJ	28,2 %
12,9 g E	17,4 %
20,9 g F	31,7 %
94,3 g KH	29,8 %

Zubereitungszeit ca. 60 Min

1. Von der Butter 30 g abnehmen und mit 2 EL Zucker verkneten. Anschließend die Eier zugeben und mit einem Mixer verrühren. Die Äpfel waschen, schälen, vierteln und das Kerngehäuse entfernen. Auf einer Reibe die Apfelviertel grob raspeln und mit der Eiermasse vermengen. Einen großen Topf etwa 10 cm hoch mit Wasser füllen, 1 TL Salz hinzufügen und zum Kochen bringen. Inzwischen das Mehl durchsieben, mit dem Backpulver vermischen und portionsweise unter die Apfelmasse heben.

2. In das heiße Wasser einen Esslöffel tauchen und den Kloßteig damit glatt streichen. Den Herd etwas herunterschalten, so dass das Wasser nur noch leicht siedet. Anschließend den

Esslöffel erneut in das Wasser tauchen und von dem Teig einen Kloß abstechen. Den Löffel mit dem Teig zusammen in das heiße Wasser tauchen und etwas bewegen, bis der Kloß sich löst. Auf diese Weise nur etwa die Hälfte des Teiges verarbeiten, da die Klöße nicht übereinander liegen sollten. Zwischendurch den Teig immer wieder mit dem nassen Löffel glatt streichen, damit die Klöße eine ebene Oberfläche bekommen.

3. Nach kurzer Zeit schwimmen die Apfelklöße an der Wasseroberfläche und müssen im leicht siedenden Wasser noch 8–10 Minuten ziehen. Wenn die Klöße gar sind, werden sie mit einem Schaumlöffel herausgenommen, nebeneinander auf einen Teller gelegt und warm gestellt.

4. Anschließend wird die andere Hälfte des Teiges verarbeitet. Während die Apfelklöße im Wasser ziehen, den restlichen Zucker mit dem Zimt in einem kleinen Schälchen vermischen. Die verbliebene Butter in einen Topf geben und bei mittlerer Hitze bräunen lassen. Die gut abgetropften Apfelklöße werden mit etwas brauner Butter beträufelt und mit Zimtzucker bestreut verzehrt.

KÜRBISSTUTEN

500 g	Kürbis, unvorbereitet
1 TL	Apfelessig
125 ml	Wasser
40 g	Butter
1000 g	Weizenmehl
80 g	Zucker
2 Würfel	Bäckerhefe
2 TL	Jodsalz

etwas Milch zum Bestreichen
etwas Mehl zum Arbeiten
etwas Kokosfett für die Formen

Backzeit 50-60 Min
Zubereitungszeit 20 Min
Zeit zum Aufgehen ca. 40 Min
Backofentemperatur 180° C

pro 100 g ca.

391/1634 kcal /kJ	7 %
42 g E	8,4 %
14 g F	2,6 %
19 g KH	9,7 %

1. Den gewaschenen Kürbis in Viertel schneiden. Die Kerne und Fasern mit einem Löffel herausschaben. Den Kürbis in handliche Stücke teilen und schälen. Die Kürbisstücke anschließend in Würfel schneiden.

2. Das Wasser, den Essig und den Kürbis in einen großen Topf geben und zum Kochen bringen. Den Kürbis bei schwacher Hitze köcheln lassen, bis er weich wird. Mit einem Stabmixer den heißen Kürbis einschließlich dem Sud pürieren.

Die Butter zugeben und mit dem heißen Kürbisbrei verrühren. Die Kürbismasse abkühlen lassen, bis sie lauwarm ist.

3. Die lauwarme Kürbismasse, das Mehl, den Zucker, das Salz und die zerbröckelte Hefe in eine große Schüssel füllen. Alle Zutaten etwa 10 Minuten lang gut durchkneten. Die Schüssel mit einem Tuch abdecken und an einen warmen Ort stellen. Den Teig ca. 20 Minuten gehen lassen, bis er doppelt so groß ist. In der Zwischenzeit zwei Kastenformen einfetten.

4. Den gut gegangenen Teig kurz durchkneten und in zwei gleich große Stücke teilen. Aus dem weichen Teig mit viel Mehl zwei Brote formen und in die Kastenformen geben.

Nochmals an einem warmen Ort ca. 20 Minuten gehen lassen. Den Backofen auf 180° C vorheizen.

5. Sind die Brote etwa doppelt so groß geworden, werden sie vorsichtig mit etwas Milch bestrichen. Anschließend werden die Brote der Länge nach mit einem scharfen Messer ca. 1 cm tief eingeschnitten. Die Brote im Backofen auf unterster Schiene in 50–60 Minuten backen. Die Brote sind gar, wenn das Klopfen gegen die Unterseite hohl klingt.

KÜRBISKLUTEN

500 g	Kürbis, unvor-bereitet
1 TL	Apfelessig
125 ml	Wasser
40 g	Butter
1000 g	Weizenmehl 1050
300 g	Weizenmehl 405
250 g	Zucker
200 g	Kürbiskerne, grün
20 g	Ingwer, frisch
2 Würfel	Bäckerhefe
1 gestr. TL	Jodsalz

etwas Mehl zum Arbeiten
etwas Öl

Für den Guss

150 g	Puderzucker
2 EL	Wasser, heiß
6–8 Tropfen	Zitronensaft
	(kann auch fehlen)

pro Stück ca.

391/1634 kcal/ kJ	11,5 %
42 g E	9,6 %
14 g F	7,4 %
19 g KH	14 %

Zubereitungszeit 1 Std 20 Min
Zeit zum Aufgehen ca. 40 Min
Backzeit ca. 30 Min
Backofentemperatur 200° C

1.–2. Genauso wie beim Kürbis-stuten.

3. Den Ingwer schälen und fein reiben oder durch eine Knoblauchpresse drücken. Die lauwarme Kürbismasse, Mehl, Zucker, Salz, Ingwer und die zerbröckelte Hefe in eine große Schüssel geben. Alle Zutaten etwa 10 Minuten lang gut durchkneten. Je nach Kürbis kann der Teig fester oder flüssiger sein. Mehl oder Wasser zugeben, bis sich der Teig gut formen lässt. Die Schüssel mit einem Tuch abdecken und an einen warmen Ort stellen. Den Teig ca. 20 Minuten gehen lassen, bis er doppelt so groß ist. In der Zwischenzeit ein Backblech mit Backpapier belegen.

4. Die Kürbiskerne unter den gut gegangenen Teig kneten. Den Teig in 30 gleich große Stücke teilen. Aus den Teigstücken Brötchen formen und in 1 cm Abstand voneinander auf das Backblech setzen. Die Stellen, an denen sich die Kluten später berühren, sparsam mit Öl bepinseln. So lassen sich die Kürbiskluten nach dem Backen besser voneinander lösen. Nochmals an einem warmen Ort gehen lassen, bis die Kluten doppelt so groß sind. Den Backofen auf 200° C vorheizen.

5. Die Kluten im Backofen auf mittlerer Schiene ca. 30 Minuten backen. Sind die Kürbiskluten gut, werden sie im Ganzen vom Backblech geschoben.

Für den Guss:
Den Puderzucker durchsieben, mit dem heißen Wasser und dem Zitronensaft zu einem glatten Guss verrühren. Die heißen Kluten mit dem Guss bestreichen und abkühlen lassen. Die Kürbiskluten können mit und ohne Butter gegessen werden.

Tipp

Wer es nicht gerne süß mag oder Kalorien sparen möchte, lässt den Guss weg. Auch ohne Guss schmecken die Kürbiskluten sehr lecker. Der Energiegehalt sinkt dann auf 232/974 kcal/kJ pro Stück.

PIKANT EINGELEGTER KÜRBIS

1300 g	Kürbis
400 ml	Apfelessig
400 ml	Wasser
200 g	Zucker
150 g	Zwiebel
20 g	Ingwer, frisch

pro 100 g ca.

83/346 kcal/kJ	3,8 %
0,8 g E	1,2 %
0,1 g F	0,2 %
19,2 g KH	6,1 %

Zubereitungszeit 45 Min

1. Den Kürbis waschen und vierteln. Mit einem Löffel die faserigen Teile und die Kerne herausschaben. Den Kürbis in handliche Stücke teilen und schälen. Daraus zuerst ½ cm breite Scheiben, dann etwa 2 cm breite Stücke schneiden.

2. Den Ingwer schälen und in kleine Stifte schneiden. Die Zwiebeln pellen und in 1 cm breite Ringe schneiden.

3. Den Essig, das Wasser und den Zucker in einen großen Topf geben und erhitzen, bis sich der Zucker gelöst hat. Die Kürbisstücke hinzufügen und alles bei geschlossenem Deckel zum Kochen bringen. Die Zwiebelringe und den Ingwer zugeben und bei schwacher Hitze köcheln lassen, bis der Kürbis glasig wird.

4. Die heißen Kürbisstücke werden zusammen mit Zwiebeln, Ingwer und den übrigen Gewürzen in die vorbereiteten Gläser gefüllt. Den restlichen Sud über die Kürbisstücke geben, bis diese großzügig bedeckt sind. Die Gläser sofort verschließen und abkühlen lassen. Der eingelegte Kürbis sollte kühl und dunkel lagern und kann nach 1–2 Wochen gegessen werden.

SÜSSSAUER EINGELEGTER KÜRBIS

1300 g	Kürbis
400 ml	Apfelessig
400 ml	Wasser
400 g	Zucker
40 g	Ingwer, frisch
10	Nelken
1	Zimtstange

pro 100 g ca.

89/369 kcal/kJ	4 %
0,8 g E	1 %
0,1 g F	0,2 %
20,9 g Kh	6,6 %

Zubereitungszeit 40 Min

1. Den Kürbis waschen und vierteln. Mit einem Löffel das lose Fruchtfleisch und die Kerne herausschaben. Den Kürbis in handliche Stücke teilen und schälen. Daraus zuerst ½ cm breite Scheiben, dann etwa 2 cm breite Stücke schneiden.

2. Den Ingwer schälen und in grobe Stücke teilen.

3. Den Essig, das Wasser und den Zucker in einen großen Topf geben und erhitzen, bis sich der Zucker gelöst hat. Die Kürbisstücke hinzufügen und alles mit geschlossenem Deckel zum Kochen bringen. Bei schwacher Hitze den Kürbis köcheln lassen, bis er glasig wird.

4. Die heißen Kürbisstücke werden zusammen mit dem Ingwer und den übrigen Gewürzen in die vorbereiteten Gläser gefüllt. Den restlichen Sud über die Kürbisstücke geben, bis diese großzügig bedeckt sind. Die

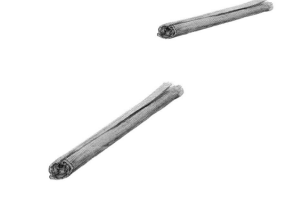

Gläser sofort verschließen. Twist-off-Gläser 5 Minuten auf den Kopf stellen. Der eingelegte Kürbis sollte kühl und dunkel lagern und kann nach 1–2 Wochen gegessen werden.

Tipp

Für besondere Gelegenheiten können anstatt der Kübisstücke auch Kürbiskugeln eingelegt werden. Hierzu wird etwa doppelt so viel Kürbis und etwas mehr Zeit benötigt. Aus dem rohen Kürbisfleisch werden mit einem Melonenausstecher kleine Kugeln herausgelöst. Anschließend werden die Kürbiskugeln genau so weiterbehandelt wie die Kürbisstücke. Die beim Ausstechen anfallenden Kürbisreste können zu Kürbissuppe, -stuten, -brötchen, -kuchen oder Kürbismarmelade verarbeitet werden.

KÜRBIS-APFEL-KONFITÜRE

1000 g	Zucker u. Geliermittel
	(oder Gelierzucker)
500 g	Kürbisfleisch
	(ca. 660 g unvorberei-
	teter Kürbis)
500 g	Apfelviertel
	(ca. 620 g unvorbereite-
	te Äpfel)
1	Zitrone, unbehandelt

Pro 100 g ca.

219/917 kcal/kJ	10 %
0,4 g E	0,5 %
0,1 g F	0,2 %
53,8 g KH	17 %

Zubereitungszeit 50 Min

1. Den Kürbis waschen und in Viertel schneiden. Die faserigen Teile und die Kerne mit einem Esslöffel herausschaben. Den Kürbis in handliche Stücke teilen und schälen.

2. Die Äpfel schälen, vierteln und vom Kerngehäuse befreien. Die Kürbis- und Apfelstücke mit einer Küchenmaschine fein raspeln.

3. Die geraspelten Früchte in einen großen Topf geben. Den Zucker darüber streuen und eine Stunde stehen lassen. In der Zwischenzeit die Marmeladengläser vorbereiten.

4. Die Zitrone waschen. Das Gelbe der Zitronenschale

mit einer Muskatnussreibe abreiben und in den Topf geben. Nach den Angaben des verwendeten Geliermittels zu Konfitüre weiterverarbeiten.
Vorsicht, brodelt das Ganze zu stark, kann heiße Konfitüre auf die Hände spritzen!

5. Die heiße Konfitüre sofort in die vorbereiteten Gläser füllen und verschließen. Nach dem Abkühlen kühl und dunkel lagern.

Variation

Wer mag, kann auch eine Konfitüre mit halbem Zuckergehalt herstellen. Hierfür gibt es spezielle Geliermittel im Handel. Diese enthalten allerdings häufig Konservierungsmittel. Wer ein Geliermittel ohne Konservierung wählt, sollte nur kleine Mengen Konfitüre kochen und die angebrochenen Gläser im Kühlschrank aufbewahren. Der Energiegehalt der Konfitüre mit halbem Zuckergehalt beträgt ca. 158 kcal/662 kJ pro 100 g.

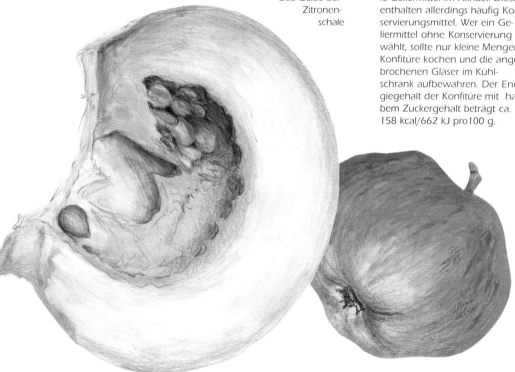

ZWETSCHGENMUS

1200 g	Zwetschgen	
200 g	Zucker	
2 EL	Apfelessig	
etwas	Zimt, gemahlen	
etwas	Nelke, gemahlen	

Pro 100 g ca.

206/867 kcal/kJ	9,4 %
0,9 g E	1,2 %
0,3 g F	0,5 %
48 g KH	15,2 %

Zubereitungszeit ca. 1 Std 20 Min
Zeit zum Ziehen ca. 12 Std

1. Die Zwetschgen waschen, entsteinen und in einen Topf geben. Den Zucker sowie den Essig hinzufügen und miteinander vermengen. Die Früchte über Nacht zugedeckt stehen lassen.

2. Am nächsten Tag die Zwetschgen in dem Topf etwa 20 Minuten kochen, dabei gelegentlich umrühren. Den Topf vom Herd nehmen und die Zwetschgen mit einem Stabmixer fein pürieren. Das Zwetschgenmus unter ständigem Rühren noch etwa 20 Minuten einkochen lassen und mit etwas Zimt und Nelke abschmecken. Das Mus sollte so fest sein, dass es sich gut verstreichen lässt.

3. Das heiße Zwetschgenmus randvoll in die vorbereiteten, sauberen Gläser füllen. Einfache Marmeladengläser mit Zellophan oder Pergamentpapier abdecken und zubinden. Twist-off-Gläser mit dem Deckel verschließen und 5 Minuten auf den Kopf stellen. Das Zwetschgenmus kühl und dunkel aufbewahren.

QUITTENKONFEKT

1000 g	Quitten
ca. 800 g	Zucker
ca. 250 g	Zucker, um das Konfekt darin zu wälzen

Pro 100 g ca.

308/1293 kcal/kJ	14,0 %
0,2 g E	0,3 %
0,3 g F	0,5 %
75,8 g KH	24,0 %

Zubereitungszeit ca. 4 Std
über mehrere Tage verteilt

Trockenzeit ca. 6 Tage

1. Die Quitten waschen, schälen und je nach Größe vierteln oder achteln. Die Quittenstücke vom Kerngehäuse befreien und klein schneiden. Anschließend die klein geschnittenen Quitten wiegen und die gleiche Menge Zucker bereitstellen. Die Frucht-stücke zusammen mit etwas Wasser in einen Topf geben und unter gelegentlichem Rühren weich kochen. Nur so viel Wasser verwenden, dass die Früchte nicht ansetzen können, da alles Wasser später wieder verkocht werden muss. Die weich gekochten Quittenstückchen mit einem Stabmixer sehr fein pürieren.

2. Den bereitgestellten Zucker zu dem pürierten Quittenmus geben und zum Kochen bringen. Das Fruchtmus unter ständigem Rühren bei mittlerer Hitze so lange einkochen, bis es zäh vom Löffel fällt. Ein Backblech mit Backpapier auslegen, das Quittenmus darauf geben und knapp 1 cm dick ausstreichen. Das Fruchtmus auf dem Blech 3 Tage lang trocknen lassen. Danach ein Backpapier auf die Konfektmasse legen und das Ganze wenden. Nun das oben liegende Papier vorsichtig abziehen und die Masse wiederum 3 Tage trocknen lassen.

3. Die getrocknete Quittenmasse mit einem scharfen Messer in etwa 2 cm große Quadrate schneiden. 250 g Zucker in eine große Schüssel geben. Jeweils einige Konfektstücke in die Schüssel geben und darin schwenken, bis sie vollkommen mit Zucker ummantelt sind. Das Quittenkonfekt eventuell noch ein paar Tage nachtrocknen lassen und anschließend in dicht schließenden Dosen oder Gläsern aufbewahren.

Variation

Das Quittenkonfekt schmeckt weniger süß, wenn es in Puderzucker anstatt in Kristallzucker gewälzt wird. Dafür werden nur ca. 100 g Puderzucker benötigt und der Energiegehalt beträgt dann 266/1115 kcal/kJ pro 100 g.

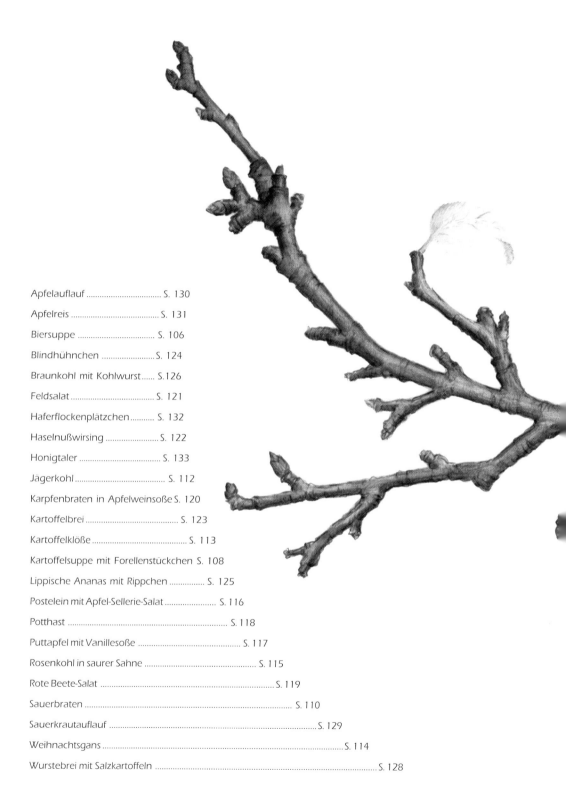

104

WINTER

BIERSUPPE

Für die Biersuppe

¾ l	Milch 3,5 %
¼ l	Landbier
2 EL	Zucker
3 gestr. EL	Speisestärke
1	Eidotter, frisch
1 Pck.	Bourbon Vanille-zucker
½ TL	Zimt, gemahlen

Für die Schneeklößchen

1	Eiweiß, frisch
2 TL	Zucker

Pro Portion ca.

240/1001 kcal/kJ	10,9 %
8,1 g E	10,9 %
8,1 g F	12,3 %
29,2 g KH	9,2 %

Zubereitungszeit ca. 25 Min

1. Die Milch in einen großen Topf gießen und langsam zum Kochen bringen.

2. Inzwischen das Bier mit dem Zucker, dem Vanillezucker, dem Zimt und der Speisestärke glatt rühren. Das Ei trennen und das Eiweiß beiseite stellen. Den Eidotter mit dem Biergemisch verquirlen.

3. Die vermischten Zutaten in die kochende Milch rühren. Die Suppe unter ständigem Rühren erneut zum Kochen bringen und etwa eine Minute kochen. Den Topf von der Herdplatte nehmen, damit die Biersuppe nicht ansetzt.

4. Das Eiweiß so steif schlagen, dass ein Schnitt mit dem Messer sichtbar bleibt. Den Zucker nach und nach unter den Eischnee rühren.

5. Die Biersuppe wieder auf die warme Herdplatte setzen und vorsichtig erhitzen, aber nicht kochen. Von dem Eischnee mit dem Teelöffel kleine Klößchen abstechen und auf die Suppe setzen. Die Schneeklößchen in 5 Minuten gar ziehen lassen. Die Biersuppe dabei gelegentlich vorsichtig umrühren, damit sie nicht ansetzt.

Info

Bei der klassisch lippischen Biersuppe werden Milch und Bier zu gleichen Teilen verwendet. Die Suppe bekommt dadurch einen sehr herben Geschmack.

KARTOFFELSUPPE MIT ...

800 g	Kartoffeln, mehlig kochend
300 g	Porree
250 g	Möhren
100 g	Knollensellerie
250 g	Forellenfilets, geräuchert
2	Petersilienwurzeln
4 EL	Rapsöl
3 TL	Salz
etwas	Pfeffer, weiß

Pro Portion ca.

350/1461 kcal/kJ	15,9 %
24,9 g E	33,6 %
13,2 g F	20,0 %
27,8 g KH	8,8 %

Zubereitungszeit ca. 1 Std 10 Min

1. Die Möhren, den Knollensellerie und die Petersilienwurzeln schälen, waschen und in ½ cm große Würfel schneiden.

2. Von den Porreestangen die alten Blätter abziehen, die Wurzeln und die dunkelgrünen Blattenden abschneiden. Ein etwa 5 cm langes hellgrünes Stück Porree zur Seite legen. Die restlichen Stangen in 1 cm dicke Scheiben schneiden und gründlich waschen. Ist der Porree sehr sandig, die Stangen vor dem Schneiden längs halbieren. So lösen sich die einzelnen Schichten besser voneinander.

3. Die Kartoffeln schälen, waschen und in 1 cm große Würfel schneiden. Das Öl in einem Topf erhitzen und das Gemüse darin andünsten. Das Salz, etwas Pfeffer und 1 ½ l Wasser in den Topf geben und zum Kochen bringen. Das Gemüse in etwa 15 Minuten weich kochen.

... FORELLENSTÜCKCHEN

4. Währenddessen das hellgrüne Stück Porree längs halbieren. Die einzelnen Schichten voneinander trennen, abspülen und der Länge nach in feine Streifen schneiden. Die Porreestreifen in ein Sieb legen und etwa 1 Minute in der Suppe garen. Das Sieb herausnehmen, die Porreestreifen unter kaltem Wasser abschrecken und zur Seite stellen.

5. Die Forellenfilets der Länge nach halbieren und in 2 cm breite Stücke schneiden. Dabei auf Gräten achten und entfernen.

6. Das weich gekochte Gemüse mit dem Mixstab so lange zerkleinern, bis keine Stücke mehr erkennbar sind. Die Forellenstückchen in die Suppe legen und vorsichtig unterheben. Die Suppe etwa 10 Minuten durch

ziehen lassen und vor dem Servieren mit den Porreestreifen garnieren.

Dazu passt frisches Bauernbrot.

SAUERBRATEN

1000 g Rinderbraten

Für die Marinade
¼ l Apfelessig
¼ l Wasser
1 Zwiebel, groß
8 Pfefferkörner, weiß
6 Wacholderbeeren
2 Pimentkörner
1 Nelke

Zum Schmoren
2 Zwiebeln
2 Möhren
1 Pastinake
4 EL Rapsöl

Für die Gewürzmischung
½ TL Pfefferkörner, weiß
6 Wacholderbeeren
3 Lorbeerblätter
2 Pimentkörner
1 Nelke

Pro Portion ca.

607/2542 kcal / kJ	27,6 %
52,0 g E	70,3 %
37,6 g F	57,0 %
3,9 g KH	1,2 %

Für die Marinade
Zubereitungszeit ca. 20 Min
Abkühlzeit ca. 60 Min
Marinierzeit 2–3 Tage

Für das Braten
Zubereitungszeit ca. 35 Min
Bratzeit ca. 1 Std 30 Min
Backofentemperatur 225° C

Zum Einlegen
1. Den Essig, das Wasser und die Gewürze in einen kleinen Topf geben. Die Zwiebel pellen, waschen, vierteln und dazugeben. Die Marinade kurz aufkochen und an einem kühlen Ort stehen lassen.

2. Das Rindfleisch säubern, abspülen und in einen Topf oder eine Schüssel mit Deckel geben. Damit das Fleisch mit der Flüssigkeit bedeckt ist, sollte das Gefäß nur wenig größer sein als das Bratenstück. Die abgekühlte Marinade (lauwarm oder kalt) über das Rindfleisch gießen. Sollte das Fleisch nicht bedeckt sein, noch etwas Marinade ohne Gewürze kochen und darüber gießen. Den Sauerbraten im Kühlschrank 2–3 Tage ziehen lassen und dabei gelegentlich wenden.

Zum Schmoren
1. Das Fleisch aus der Marinade nehmen, in einen Durchschlag legen und abtropfen lassen. Die Marinade durch ein Sieb gießen und die Flüssigkeit zur Seite stellen.

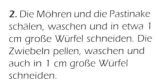
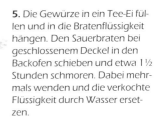

2. Die Möhren und die Pastinake schälen, waschen und in etwa 1 cm große Würfel schneiden. Die Zwiebeln pellen, waschen und auch in 1 cm große Würfel schneiden.

3. Das Öl in einem großen Topf erhitzen. Währenddessen das Rindfleisch mit einem Küchenpapier trockentupfen. Das Fleisch in dem heißen Öl von allen Seiten anbraten. Zwischendurch den Backofen auf 225 ℃ vorheizen.

4. Die Möhren- und Pastinakenwürfel zu dem Fleisch geben und leicht anbräunen. Erst dann die Zwiebelwürfel zugeben, da sie schnell zu dunkel werden. Das Gemüse bei mittlerer Hitze unter ständigem Rühren dünsten, bis es von allen Seiten braun ist. ⅛ l Marinade an das Fleisch gießen und einkochen lassen. Den Vorgang noch mal wiederholen, dadurch wird der Braten aromatischer. Anschließend so viel Wasser in den Topf gießen, bis der Braten zu einem Viertel in der Flüssigkeit liegt.

5. Die Gewürze in ein Tee-Ei füllen und in die Bratenflüssigkeit hängen. Den Sauerbraten bei geschlossenem Deckel in den Backofen schieben und etwa 1 ½ Stunden schmoren. Dabei mehrmals wenden und die verkochte Flüssigkeit durch Wasser ersetzen.

6. Ist das Fleisch weich, den Braten auf einen Teller legen und warm stellen. Das Gemüse in dem Bratensaft mit einem Stabmixer zerkleinern und anschließend durch ein Sieb passieren. Die Soße benötigt keine zusätzliche Bindung. Den Braten kurz vor dem Servieren am besten mit einem Elektromesser aufschneiden.

Zu dem Sauerbraten passen Jägerkohl und Kartoffelklöße. (s. S. 112–113).

JÄGERKOHL & ...

700 g	Weißkohl
30 g	Speck, frisch
1	Zwiebel
3 EL	Apfelessig
1 geh. EL	Zucker
1 EL	Mehl
2 TL	Jodsalz
etwas	Pfeffer, weiß

Pro Portion ca.

128/541 kcal/kJ	5,8 %
2,7 g E	3,6 %
6,5 g F	9,8 %
14,9 g KH	4,7 %

Zubereitungszeit ca. 50 Min

1. Von dem Weißkohl die unbrauchbaren Blätter entfernen. Die äußeren Blätter des Kohls lösen, abwaschen und dicke Blattrippen flach schneiden. Den Kohlkopf vierteln und fein hobeln. Das fein geschnittene Kraut mit dem Salz und ¼ l Wasser in einen Topf geben. Den Weißkohl in etwa 10 Minuten bissfest garen, dabei mehrmals umrühren.

2. Inzwischen den Speck sehr fein würfeln. Die Zwiebel pellen, waschen und ebenfalls fein würfeln. Den Speck auslassen, bis die Grieben goldgelb sind. Die Zwiebel zugeben und goldgelb dünsten. Das Mehl dazugeben und unter ständigem Rühren hellbraun schwitzen.

3. Die Mehlschwitze mit dem Weißkohl vermengen. Das Gemüse sollte dadurch nicht steif werden. Eventuell muss etwas Wasser nachgegossen werden, aber nur so viel, dass sich keine Flüssigkeit absondert. Den Jägerkohl mit dem Zucker, dem Essig und etwas weißem Pfeffer abschmecken. Vor dem Servieren 5 Minuten ziehen lassen.

... KARTOFFELKLÖSSE

1000 g	Kartoffeln, mehlig kochend
ca. 150 g	Mehl
30 g	Butter
2	Eier
1 Scheibe	Weißbrot, 1–2 Tage alt
4 TL	Jodsalz
etwas	Muskatnuss, gemahlen

Pro Portion ca.

411/1714 kcal/kJ	18,7 %
12,7 g E	17,2 %
9,8 g F	14,8 %
66,5 g KH	21,0 %

Zubereitungszeit ca. 1 Std 15 Min

1. Die Kartoffeln gründlich waschen, in einen Topf geben und mit Wasser bedeckt in ca. 25 Minuten gar kochen. Die Pellkartoffeln in einen Durchschlag geben und abkühlen lassen. Nach etwa 90 Minuten können die lauwarmen Kartoffeln weiter verarbeitet werden.

2. Inzwischen die Weißbrotscheibe in 1 cm große Würfel schneiden. Die Butter bei mittlerer Hitze in einer Pfanne schmelzen und die Weißbrotwürfel darin von allen Seiten goldgelb rösten.

3. Die abgekühlten Kartoffeln pellen, fein reiben und in eine große Schüssel füllen. Die Eier, 2 TL Salz, etwas Muskatnuss und 100 g Mehl dazugeben. Alle Zutaten zu einem gut formbaren Teig verkneten. Sollte der Teig zu klebrig sein, etwas Mehl zugeben.

4. Das restliche Mehl auf die Tischplatte oder ein Backbrett streuen und den Kartoffelteig darauf geben. Aus dem Teig eine etwa 6 cm dicke Rolle formen. Die Teigrolle in Mehl wälzen und in 16 gleich große Scheiben schneiden. Einige Brotwürfel in die Mitte jeder Scheibe geben und zu einem Kloß formen. Die Klöße durch das Mehl rollen, so dass sie von außen gut mit Mehl bedeckt sind.

Tipp

Sind Kartoffelklöße übrig geblieben, werden die Klöße am nächsten Tag in Scheiben geschnitten und in etwas Butter gebraten. Wer es deftig mag, nimmt zum Braten ausgelassenen Speck und gart ein paar Zwiebelringe mit. Dazu passt grüner Salat.

WEIHNACHTSGANS MIT ...

Zu einem klassischen Weihnachtsfest gehört auch in Lippe die Weihnachtsgans. Traditionell wird die Gans ohne Füllung zubereitet. Dazu werden Rosenkohl, Salzkartoffeln oder auch Kartoffelklöße gereicht.

Die Gans ist verträglicher, wenn das ausgetretene Fett nicht mitgegessen wird. Das Gänsefleisch enthält so noch genügend Fett. Die Vorspeise aus Postelein, Apfel und Sellerie (s. S. 116) regt zudem die Verdauung an, so dass der Festtagsschmaus nicht zur Belastung wird.

1	Gans, junge
	ca. 3 kg
1	Zwiebel, groß
1 l	Wasser
2 TL	Salz
1 TL	Piment, gemahlen
5 EL	Sahne, saure
1 TL	Speisestärke

Pro Portion ca.

703/2945 kcal/kJ	32 %
41,5 g E	56,1 %
51,0 g F	77,3 %
9,6 g KH	3,0 %

Zubereitungszeit ca. 30 Min
Bratzeit ca. 3 Std
Backofentemperatur 200° C

1. Die Gans unter fließendem Wasser abspülen und Reste von Federn und Federkielen entfernen. Das Salz und das Piment miteinander vermischen. Die Gans innen und außen mit dieser Mischung einreiben. Die Flügel und die Schenkel mit Rouladennadeln an der Gans feststecken. So behält die Gans beim Braten besser die Form.

2. Die Gans in einen mit Wasser ausgespülten Bratentopf legen und ohne Deckel im Backofen 45 Minuten garen. Damit das Fett austritt, die Gans während des Bratens mehrmals unterhalb der Flügel und der Schenkel einstechen. Das Gänsefett dabei wieder über die Gans gießen.

3. Die Zwiebel pellen, waschen und in Achtel teilen. Die Achtel in den Bratentopf legen und mit ½ l Wasser auffüllen. Die Gans bei geschlossenem Deckel weitere 45 Minuten garen.

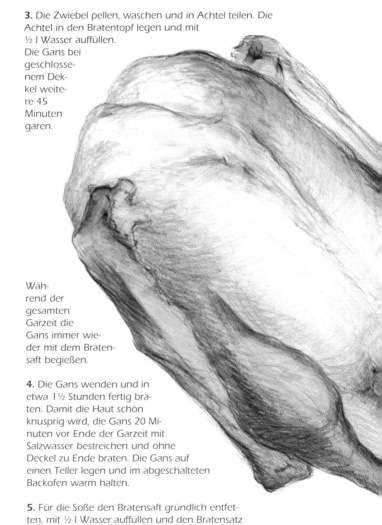

Während der gesamten Garzeit die Gans immer wieder mit dem Bratensaft begießen.

4. Die Gans wenden und in etwa 1½ Stunden fertig braten. Damit die Haut schön knusprig wird, die Gans 20 Minuten vor Ende der Garzeit mit Salzwasser bestreichen und ohne Deckel zu Ende braten. Die Gans auf einen Teller legen und im abgeschalteten Backofen warm halten.

5. Für die Soße den Bratensaft gründlich entfetten, mit ½ l Wasser auffüllen und den Bratensatz loskochen. Die Speisestärke mit etwas Wasser glatt rühren, mit dem Bratensaft vermischen und etwas einkochen lassen. Die saure Sahne zugeben und mit Piment abschmecken. Die Soße vor dem Servieren durchsieben.

... ROSENKOHL IN SAURER SAHNE

1000 g	Rosenkohl
2 EL	Gänsefett
¼ l	Wasser
½ TL	Salz
4 EL	Sahne, saure
etwas	Muskatnuss, gemahlen

Pro Portion ca.

117/484 kcal/kJ	5,3 %
8,0 g E	10,8 %
96,4 g F	9,7 %
5,9 g KH	1,9 %

Zubereitungszeit ca. 50 Min

1. Die Rosenkohlröschen von alten und fleckigen Blättern befreien. Das vertrocknete Ende vom Strunk abschneiden und den Rosenkohl waschen. Die Röschen am Strunkende kreuzförmig einschneiden.

2. Das Gänsefett in einem flachen Topf erhitzen und den Rosenkohl in dem Fett kurz andünsten. Das Salz darüber streuen und mit dem Wasser auffüllen. Den Rosenkohl bei geschlossenem Deckel in knapp 20 Minuten gar dünsten.

3. Die saure Sahne zu dem Rosenkohl geben und behutsam verrühren, damit die Röschen nicht zerfallen. Die Soße etwas einkochen, damit sie sämig wird, und mit Muskat abschmecken.

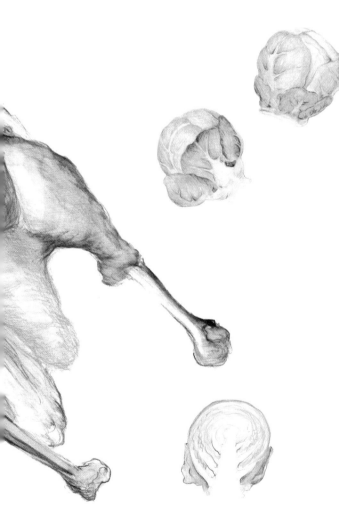

POSTELEIN MIT APFEL-SELLERIE-SALAT

3	Äpfel (ca. 350 g)
150 g	Knollensellerie
80 g	Postelein (Winterportulak)
1	Zitrone
1 EL	Rapsöl
1 TL	Zucker

Pro Portion

77/324 kcal/kJ	3,5 %
1,0 g E	1,4 %
3,0 g F	4,5 %
10,8 g KH	3,4 %

Zubereitungszeit ca. 20 Min

1. Die Zitrone waschen, halbieren und auspressen. 1 EL Zitronensaft mit dem Öl und dem Zucker glatt rühren. Den Winterportulak verlesen, waschen und trockenschleudern.

2. Den Sellerie schälen, waschen und fein raspeln. Die Äpfel waschen, schälen, vierteln und das Kerngehäuse entfernen. Die Apfelviertel mit einer Küchenmaschine grob raspeln und sofort mit 2 EL Zitronensaft beträufeln.

So werden die Äpfel nicht so schnell braun. Den Sellerie mit dem Apfel vermischen und in der Mitte eines Desserttellers portionsweise anrichten.

3. Den Portulak grob zerschneiden und um den Apfel-Sellerie-Salat legen. Die Salatsoße über den Portulak träufeln und den Salat servieren.

PUTTAPFEL MIT VANILLESOSSE

4	Äpfel, mehlig
80 g	Rosinen
40 g	Haselnüsse
5 g	Butter

Für die Vanillesoße

¼ l	Milch
2	Eidotter
1 TL	Speisestärke
1 TL	Bourbon Vanillezucker

Pro Portion

283/1194 kcal/kJ	12,9 %
5,9 g E	8,0 %
13,4 g F	20,3 %
34,7 g KH	11,0 %

Zubereitungszeit ca. 20 Min
Backzeit ca. 30 Min
Backofentemperatur 200° C

1. Die Rosinen waschen und mit Wasser bedeckt stehen lassen. Den Backofen auf 200 °C vorheizen.

2. Die Äpfel waschen und die Blüte entfernen. Das Kerngehäuse aus dem ungeschälten ganzen Apfel entfernen. Die Äpfel rundherum ein paar Mal einstechen, damit sie im Backofen nicht platzen.

3. Die Rosinen abgießen und mit den Haselnüssen zusammen im Blitzhacker mittelfein hacken. Die Äpfel damit füllen und in eine gebutterte Form setzen. Auf mittlerer Schiene ca. 30 Minuten backen. Fühlt sich der Apfel bei leichtem Druck auf die Schale weich an, ist er gar. Den Puttapfel heiß servieren und mit kalter oder warmer Vanillesoße übergießen.

Für die Vanillesoße
Die Milch bis auf einen kleinen Rest in einen Topf geben. Die Eidotter mit der Restmilch verquirlen. Den Vanillezucker und die Speisestärke hinzufügen und glatt rühren. Die angerührte Milch ebenfalls in den Topf geben und unter Rühren aufkochen. Die Soße eine Minute kochen lassen und vom Herd nehmen.

Info

In Zeiten wo Rosinen und Haselnüsse knapp oder teuer waren, wurde der Puttapfel mit einer roten Konfitüre gefüllt. Allerdings darf dann der Apfel beim Kerngehäuseentfernen nicht durchstochen werden, da sonst die Konfitüre ausläuft.

POTTHAST

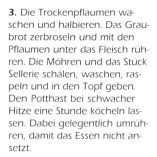

800 g	Schweinegulasch
600 g	Zwiebeln
200 g	Trockenpflaumen
60 g	Knollensellerie
2	Möhren
2 Scheiben	Graubrot
1 l	Wasser
2 TL	Jodsalz
etwas	Pfeffer und Piment
etwas	Apfelessig

Pro Portion ca.

763/3189 kcal/kJ	34,7%
36,3 g E	49,1%
48,7 g F	73,8%
41,4 g KH	13,1%

1. Das Schweinegulasch abspülen, die Sehnen entfernen und das Fett abschneiden. Die Fleischstücke in etwa 2 cm große Würfel schneiden. Das abgeschnittene Fett sehr fein würfeln.

2. Das Öl in einem großen Topf erhitzen. Das klein geschnittene Fett darin auslassen, bis die Grieben hellbraun sind. Das Fleisch in den Topf geben und leicht anbraten. Das Salz, den Pfeffer und das Piment darüber streuen. Die Zwiebeln hinzufügen, glasig dünsten und mit dem Wasser auffüllen.

3. Die Trockenpflaumen waschen und halbieren. Das Graubrot zerbröseln und mit den Pflaumen unter das Fleisch rühren. Die Möhren und das Stück Sellerie schälen, waschen, raspeln und in den Topf geben. Den Potthast bei schwacher Hitze eine Stunde köcheln lassen. Dabei gelegentlich umrühren, damit das Essen nicht ansetzt.

Dazu werden Salzkartoffeln oder Graubrot und Rote Beete-Salat gegessen.

Zubereitungszeit ca. 2 Std.

ROTE BEETE-SALAT

650 g	Rote Beete (Rote Rüben)
150 g	Jogurt 3,5 %
150 g	Sahne, saure
25 g	Mandeln, gehackt
1	Zitrone
1 TL	Jodsalz

Pro Portion ca.

148/618 kcal/kJ	6,7 %
5,5 g E	7,4 %
7,9 g F	12,0 %
13,5 g KH	4,3 %

Zubereitungszeit ca. 50 Min
Abkühlzeit ca. 2 Std

1. Die Rote Beete schälen. Dabei die Hände und das Gemüse mehrmals unter fließendem Wasser abspülen, sonst nehmen die Hände die Farbe der Rübe an. Die Rote Beete erst in Scheiben, dann in 1 cm große Würfel schneiden und in einen Topf geben.

2. Die Zitrone waschen, durchschneiden und auspressen. Das Salz und die Hälfte des Zitronensaftes zu der Roten Beete geben. Die Rüben mit Wasser bedecken und in etwa 30 Minuten weich kochen. Das Wasser abgießen und die Rote Beete abkühlen lassen.

3. Die Rote Beete, den Jogurt, die saure Sahne und die gehackten Mandeln in eine Schüssel füllen und miteinander vermischen. Mit Zitronensaft und Salz abschmecken.

Tipp

Das Kochwasser der Roten Beete eignet sich hervorragend zum Rotfärben von Lebensmitteln.

KARPFENBRATEN IN APFELWEIN-SOSSE ...

Für den Braten

600 g	Karpfenfilet
80 g	Butter
2	Eier
1	Brötchen, trocken
1	Zwiebel, mittelgroß
2 EL	Paniermehl
1 EL	Zitronensaft
1 TL	Salz
½ TL	Estragon, getrocknet
etwas	Pfeffer, weiß

Für die Soße

200 ml	Apfelwein
200 ml	Sahne
200 ml	Fischsud, verdünnt
2 TL	Speisestärke
etwas	Salz
evtl. etwas	Zucker

Pro Portion ca.

597/2490 kcal/kJ	27,1 %
33,0 g E	44,6 %
42,8 g F	42,8 %
14,5 g KH	4,5 %

Zubereitungszeit 1 Std 45 Min
Backofentemperatur 230° C

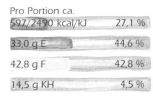

1. Die Zwiebel pellen, waschen und in kleine Würfel schneiden. Von der Butter 40 g in einer Pfanne schmelzen. Mit einem Pinsel etwas Butter aus der Pfanne nehmen und eine Fischbackform damit ausstreichen. In der restlichen Butter die Zwiebelwürfel glasig garen und sie dann in eine Schüssel geben.

2. Das Karpfenfilet waschen und mit 2 EL Wasser in die Pfanne geben. Das Filet unter einmaligem Wenden etwa 5 Minuten bei geschlossenem Deckel düns-ten. Das Fischfilet aus der Pfanne nehmen und den Fischsud mit 200 ml Wasser auffüllen und beiseite stellen.

3. Das Brötchen in Wasser einweichen und gelegentlich wenden, damit es von allen Seiten weich wird. Den Backofen auf 230 °C vorheizen.

4. Aus dem Karpfenfilet alle Gräten entfernen und das Filet zu der Zwiebel geben. Eier, Zwiebel, Zitronensaft, das gut ausgedrückte Brötchen, Salz, Pfeffer und Estragon hinzufügen. Alle Zutaten gut durchmischen. Die Fischbackform mit dem Paniermehl ausstreuen und den Fischhackteig in die Form füllen. Den Teig dabei etwas andrücken, damit sich die Form später gut abzeichnet. Die Backform auf einen Rost in die Mitte des Backofens schieben und 20 Minuten garen.

5. Die verbliebenen 40 g Butter kurz vor Ende der Garzeit schmelzen. Den Boden einer flachen Auflauf-form mit etwas Butter bestreichen. Den Karpfenbraten in die Auflaufform stürzen. Die Auflaufform wird dazu auf die Backform gelegt, fest angedrückt und beides zusammen schnell umgedreht. Anschließend die Backform vorsichtig abheben. Die restliche Butter über den Braten geben und im Ofen weitere 20 Minuten garen.

6. Den Apfelwein, die Sahne, den verdünnten Fischsud und eine Prise Salz mit der Stärke glatt rühren. Ist der Wein sehr herb, etwas Zucker zugeben. Die Soße 10 Minuten vor Ende der Garzeit an den Braten geben. Mit einem kleinen Soßenbesen die Soße in der Auflaufform mit dem Fischsud und der Butter vermischen. Den Braten fertig garen. Die Soße noch mal vorsichtig durchrühren und den Karpfenbraten in der Auflaufform servieren.

... MIT FELDSALAT

		Pro Portion ca.	
250 g	Feldsalat		
4 EL	Sahne	125/522 kcal/kJ	5,7 %
1 EL	Rapsöl		
4 TL	Zitronensaft	1,6 g E	2,2 %
2 geh. TL	Zucker		
		10,6 g F	16,1 %
		5,4 g KH	1,7 %

Zubereitungszeit 30 Min

1. Die alten Blätter und Wurzeln vom Feldsalat entfernen, die Rosetten jedoch ganz lassen. Den Salat gründlich waschen und anschließend trockenschleudern.

2. Die Zitrone waschen, halbieren und auspressen. Von dem Zitronensaft 4 TL abnehmen und mit dem Rapsöl verrühren. Den Zucker dazugeben und solange rühren, bis er sich gelöst hat. Zum Schluss die Sahne löffelweise daruntermischen.

3. Den Feldsalat in eine Schüssel geben, mit der Soße übergießen und behutsam vermischen. Vor dem Verzehr etwa 10 Minuten ziehen lassen.

Als Beilagen werden Salzkartoffeln und Feldsalat gegessen. Die gar gekochten Kartoffeln werden um den Karpfenbraten in die Soße gelegt.

Variation

Der Karpfenbraten gelingt auch ohne Fischbackform. Dazu wird der Fischhackteig in Paniermehl gewälzt und als Fischlaib geformt in die gebutterte Auflaufform gelegt und mit Butter übergossen. Die Garzeit verkürzt sich dann etwas.

Tipp

Damit der überschüssige Zitronensaft nicht verdirbt, wird er für die nächste Salatsoße eingefroren, am besten portionsweise, z.B. in einem Gefrierbehälter für Eiswürfel.

HASELNUSSWIRSING MIT ...

1000 g	Wirsing
200 g	Zwiebeln
80 g	Haselnusskerne
60 g	Butter
1 EL	Rapsöl
2 TL	Jodsalz
etwas	Muskatnuss und Koriander

Pro Portion ca.

366/1404 kcal/kJ	15,3 %
9,8 g E	13,2 %
28,2 g F	42,7 %
10,6 g KH	3,4 %

Zubereitungszeit ca. 40 Min

1. Die Haselnusskerne grob hacken. Die Zwiebeln pellen, waschen und in kleine Würfel schneiden.

2. Den Wirsing putzen, waschen und vierteln. Den Strunk heraustrennen und die dicken Blattrippen flach schneiden. Anschließend die Wirsingviertel in 1 cm breite Streifen schneiden.

3. Von der Butter ⅔ abnehmen und in einem großen Topf vorsichtig erhitzen. Die gehackten Haselnüsse zu der Butter geben und darin bei mittlerer Hitze goldgelb rösten. Die Nüsse aus dem Topf nehmen und zur Seite stellen.

4. In demselben Topf 1 EL Öl erhitzen. Die Zwiebeln dazugeben und glasig dünsten. Den Wirsing, ¼ l Wasser sowie 2 TL Salz hinzufügen und bei mittlerer Hitze in etwa 12 Minuten bissfest garen. Dabei gelegentlich umrühren.

5. Die Haselnüsse und die restliche Butter unter den Wirsing rühren. Das Gemüse mit Muskatnuss, Koriander und etwas Salz abschmecken.

Dazu passen Kartoffelbrei oder Spätzle.

... KARTOFFELBREI

1000 g	Kartoffeln,
	mehlig kochend
¼ l	Milch
25 g	Butter
etwas	Salz
etwas	Muskatnuss

Pro Portion ca.

249/1039 kcal/kJ	11,3%
6,7 g E	9,1%
7,6 g F	11,5%
37,2 g KH	11,8%

Zubereitungszeit ca. 20 Min
Kochzeit ca. 30 Min

1. Die Kartoffeln waschen, in einen Topf geben, mit Wasser bedecken und in etwa 30 Minuten gar kochen.

2. Die Kartoffeln abgießen, pellen und in einen Topf geben. Die Milch auf dem Herd oder in der Mikrowelle erwärmen, damit der Kartoffelbrei durch die Milch nicht abkühlt.

3. Währenddessen die Kartoffeln fein zerstampfen. Die Butter, etwas Salz und Muskatnuss zu den Kartoffeln geben. Die erwärmte Milch darüber gießen und mit einem Schneebesen oder einem Handmixer schaumig schlagen.

BLINDHÜHNCHEN

750 g	Kartoffeln
500 g	Möhren
300 g	Äpfel, säuerlich
	z. B. Boskop
250 g	Bohnen, weiß
250 g	Schweinebauch,
	mager, geräuchert
120 g	Petersilienwurzel
1¾ l	Wasser
2 TL	Salz
etwas	Pfeffer, weiß

Pro Portion ca.

487/2038 kcal/kJ	22,1 %
44,3 g E	32,8 %
10,4 g F	15,8 %
60,9 g KH	19,3 %

Zubereitungszeit ca.1 Std 15 Min
Einweichzeit 12–24 Std

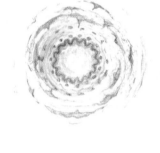

1. Die weißen Bohnen gründlich waschen, in einen Topf geben und das Wasser hinzufügen. Die Bohnen zugedeckt mindestens 12, maximal 24 Stunden einweichen lassen.

2. Die Kartoffeln, die Möhren sowie die Petersilienwurzel waschen und schälen. Die eingeweichten Bohnen zusammen mit dem Einweichwasser auf den Herd stellen und bei schwacher Hitze 40 Minuten kochen lassen. Inzwischen die Möhren der Länge nach in ½ cm dicke Scheiben und anschließend quer dazu in ebenso dicke Stifte schneiden. Die Petersilienwurzel fein würfeln und die Kartoffeln zu etwa 1 cm großen Würfeln verarbeiten.

3. Den geräucherten Bauchspeck von der Schwarte, den Knorpeln sowie den Knochen befreien und in kleine Würfel schneiden. Die Äpfel schälen, waschen, achteln und das Kerngehäuse entfernen. Die Apfelspalten anschließend in etwa 1 cm dicke Stücke schneiden.

4. Den klein geschnittenen Bauchspeck in einen großen Topf geben und bei mittlerer Hitze leicht anbraten. Die vorgekochten Bohnen mit dem Wasser dazugeben und zum Kochen bringen. Das Gemüse und die klein geschnittenen Äpfel hinzufügen und in etwa 15 Minuten gar kochen. Den Eintopf mit etwas Pfeffer würzen und servieren.

Tipp

Ist das Aroma des Apfels schwach, kann der süß-säuerliche Geschmack mit etwas Essig und Zucker verstärkt werden.

LIPPISCHE ANANAS MIT RIPPCHEN

1000 g	Steckrüben
750 g	Kartoffeln
400 g	Kasseler Rippchen
2	Zwiebeln
2 EL	Rapsöl
1 TL	Salz
¾ l	Wasser
1 Stängel	Liebstöckel

pro Portion ca.

600/2549 kcal/kJ	27,3 %
E 24,2 g E	32,7 %
F 21,3 g F	32,3 %
K 98,5 g KH	31,2 %

Zubereitungszeit 50 Min
Kochzeit 60 Min

1. Die Rippchen abspülen, in einen kleinen Topf geben und mit 750 ml Wasser zum Kochen bringen. In knapp 60 Minuten bei schwacher Hitze garen. Anschließend das Fleisch aus der Brühe nehmen und beiseite legen. Eventuell die Brühe durch ein Sieb geben, um Knochensplitter zu entfernen, die sich beim Kochen gelöst haben.

2. Inzwischen die Steckrübe waschen, schälen und in gut 1 cm große Würfel schneiden. Die Kartoffeln schälen, waschen und zu ebenso großen Würfeln verarbeiten.

3. Die Zwiebeln pellen, abspülen und in kleine Würfel schneiden.

4. Das Rapsöl in einem großen Topf erhitzen, die Zwiebel hinzufügen und mit 2 EL Brühe bei mittlerer Hitze glasig dünsten. Die Kartoffeln, die Steckrüben, den Liebstöckel und 1 TL Salz dazugeben. Die restliche Brühe darüber gießen und in etwa 20 Minuten gar kochen.

5. Die Rippchen portionieren oder von den Knochen lösen und in kleine Stückchen teilen.

6. Das Gemüse mit einem Kartoffelstampfer zu einem sehr groben Mus verarbeiten. Das Fleisch unter den Eintopf rühren bzw. die Rippchen auf den Eintopf legen und durchwärmen lassen. Nach etwa 5 Minuten servieren.

Dieser Eintopf kann auch mit frischem Fleisch zubereitet werden. Etwa 200 g Rindfleisch (oder halb Schwein, halb Rind gemischt) in kleine Würfel schneiden und mit 2 EL Rapsöl in einem großen Topf kurz anbraten. Die Zwiebeln dazugeben und glasig dünsten. Die Brühe kann durch Wasser ersetzt werden, ansonsten wie unter 5. und 6. beschrieben verfahren.

BRAUNKOHL MIT ...

Zubereitungszeit ca. 35 Min
Kochzeit ca. 1 Std 15 Min

1000 g	Braunkohl	
400 g	frische Kohlwurst	
200 g	Zwiebeln	
³/₈ l	Wasser	
2 EL	Rapsöl	
2 EL	zarte Haferflocken	
1 TL	Salz	

Pro Portion ca.

459/1920 kcal/kJ	20,9 %
20,3 g E	27,4%
36,3 g F	55,0 %
11,4 g KH	3,6 %

1. Den Braunkohl putzen und anschließend waschen. Die Blätter in 1 cm breite Streifen, die Stiele in etwa halb so dicke Stücke schneiden. Die Zwiebeln pellen, waschen und würfeln.

2. Das Öl in einem großen Topf erhitzen und die Zwiebeln darin dünsten. Den Braunkohl, ³/₈ l Wasser und 1 TL Salz hinzufügen und zum Kochen bringen. Den Kohl dabei so lange wenden, bis er zusammenfällt. Die

Kohlwürste oben auf das Gemüse legen und alles bei schwacher Hitze etwa 1¼ Stunden köcheln lassen.

3. Die Würste nach 10 Minuten wenden und mit einer Gabel einstechen. Durch das Einstechen gibt die Kohlwurst Fett und Geschmack an den Braunkohl ab. Nach weiteren 10 Minuten die Würste wieder wenden und erneut einstechen.

4. Die Haferflocken unter den weich gekochten Braunkohl rühren. Die Flocken etwa 5 Minuten ziehen lassen, damit die Flüssigkeit gebunden wird.

... KOHLWURST

Info

Der Grünkohl wird häufig auch als Braunkohl bezeichnet. Die beiden Kohlarten sind zwar miteinander verwandt, aber ihr Aussehen weicht stark voneinander ab. Der Braunkohl, auch Ziegenkohl oder lippische Palme genannt, hat violette Stiele und grünviolette Blätter.

Die Blätter, die schon seit dem Sommer heranwachsen, wurden früher an die Ziegen verfüttert. Dabei entstanden kahle Strünke mit Blättern an der Spitze, die aussahen wie kleine Palmen. Daher die Namen Ziegenkohl und lippische Palme. Leider ist Braunkohl nur durch Aussaat im eigenen Garten zu bekommen. Es gibt zwei verschiedene Braunkohlsorten. Die kleinere Sorte wird ca. 1,5 m hoch und hat krause Blätter. Die andere Braunkohlsorte hat nur schwach gekrauste Blätter, wird 2 m hoch und größer. Diese hohen Pflanzen müssen abgestützt werden, damit sie bei Wind nicht umfallen. Geerntet wird der Braunkohl, genauso wie der Grünkohl, nach dem ersten Frost. Der Braunkohl verfriert erst bei anhaltender Kälte unter -10° C, daher kann er fast den ganzen Winter über geerntet werden.

WURSTEBREI MIT SALZ-
KARTOFFELN

1000 g	Kartoffeln
800 g	Wurstebrei
2 EL	Rapsöl
etwas	Salz

Zum Wurstebrei passt gut süß-
saurer Kürbis. (s. S. 99)

Pro Portion ca.

299/1254 kcal/kJ	13,6 %
16,0 g E	21,6 %
9,4 g F	14,2 %
36,2 g KH	11,5 %

Zubereitungszeit ca. 40 Min

1. Die Kartoffeln schälen, waschen und in schwach gesalze-
nem Wasser in etwa 20 Minuten
gar kochen.

2. Währenddessen das Öl in
einer großen Pfanne erhitzen.
Den Wurstebrei in die Pfanne
geben und darin unter häufi-
gem Rühren anbräunen.

3. Die Salzkartoffeln auf die
Teller verteilen und den
Wurstebrei darüber
geben.

Info

Wurstebrei ist ein typisch lippisches Samstagsessen, das ohne
großen Aufwand zubereitet werden kann. Zu Zeiten, in denen
Fleisch noch sehr teuer war,
wurden im Wurstebrei viele Innereien und Schwarten verarbeitet. Deshalb ist der Wurstebrei
nicht bei allen Lippern beliebt.
Heutzutage besteht der Wurstebrei hauptsächlich aus Bauchfleisch, Schweineherz, Gerstengrütze und Zwiebeln. Der Geschmack des Wurstebreis ist von
Fleischerei zu Fleischerei ver-
schieden. Neulinge sollten deshalb auf Empfehlung kaufen und
eventuell einen zweiten Versuch
bei einem anderen Fleischer star-
ten.

SAUERKRAUTAUFLAUF

1000 g	Kartoffeln, mehlig kochend
300 g	Sauerkraut
200 g	Fleischwurst
50 g	Butter
20 g	Butter für Butterflöckchen
2	Zwiebeln
2 TL	Salz

Pro Portion ca.

462/1927 kcal/kJ	21,0 %	
11,1 g E	15,0 %	
29,4 g F	44,5 %	
36,1 g KH	11,4 %	

Zubereitungszeit ca. 60 Min
Backzeit 40–50 Min
Backofentemperatur 200° C

1. Die Kartoffeln waschen, in einen Topf geben, mit Wasser bedecken und in etwa 30 Minuten gar kochen.

2. Währenddessen die Fleischwurst erst in Scheiben, dann in dünne Streifen schneiden. Die Zwiebeln pellen, waschen und ganz fein würfeln.

3. Die gekochten Kartoffeln abgießen, pellen und zur Seite stellen.

4. Die Butter in einem großen Topf schmelzen. Mit einem Pinsel etwas Butter aus dem Topf nehmen und damit eine Auflaufform fetten. In der restlichen Butter die Zwiebeln glasig dünsten und den Topf vom Herd nehmen. Die Kartoffeln und 2 TL Salz dazugeben und kräftig durchstampfen.

5. Die Auflaufform mit einem Drittel der Stampfkartoffeln füllen. Danach die Hälfte der Wurst und des Sauerkrautes darüber schichten. Den Vorgang wiederholen und mit den restlichen Kartoffeln abschließen. Kleine Butterflöckchen auf die Stampfkartoffeln setzen und den Sauerkrautauflauf in den kalten Backofen schieben. Den Auflauf bei 200° C auf mittler Schiene in 40 bis 50 Minuten goldgelb backen.

Variation

Wird die Fleischwurst durch 250 g Mozzarella ersetzt, entsteht ein leckeres Gericht für Liebhaber der vegetarischen Küche. Die Stampfkartoffeln werden dabei zusätzlich mit etwas gemahlenem Kümmel gewürzt. Beide Aufläufe lassen sich auch gut aus Kartoffelbrei- und Sauerkrautresten herstellen.

APFELAUFLAUF

1000 g	Äpfel
5	Brötchen, altbacken
½ l	Milch
3	Eier
100 g	Zucker
65 g	Butter, weich
½	Zitrone, die abgerie- bene Schale

Zum Bestreuen

| 1 EL | Zucker |
| ½ TL | Zimt |

Pro Portion ca.

643/2691 kcal/kJ	29,2 %
14,7 g E	19,9 %
24,3 g F	36,8 %
89,8 g KH	28,4 %

Zubereitungszeit ca. 40 Min
Backzeit ca. 35 Min
Backofentemperatur 220° C

1. Die Milch langsam erwärmen. Inzwischen die Brötchen in 1 cm dicke Scheiben schneiden und in eine größere Schüssel legen. Die Brötchen mit der warmen Milch übergießen und stehen lassen. Gelegentlich durchrühren, damit alle Scheiben eingeweicht werden.

2. Von der weichen Butter etwas abnehmen und damit die Auflaufform einfetten. Die Eier trennen und das Eiweiß zur Seite stellen. Die Eidotter in eine Schüssel geben, mit dem Zucker und der restlichen Butter schaumig rühren. Die Zitronenschale und die eingeweichten Brötchen hinzufügen und vermengen.

3. Die Äpfel waschen, schälen, vierteln und das Kerngehäuse entfernen. Die Apfelviertel in etwa 1 cm breite Scheiben schneiden und unter die Teigmasse heben. Den Backofen auf 220° C vorheizen. Dann das Eiweiß zu festem Eischnee schlagen und ebenfalls unterheben.

4. Die Masse in die Auflaufform füllen. Den Zimt mit dem Zucker vermischen und über den Auflauf streuen. Diesen auf mittlerer Schiene etwa 35 Minuten backen.

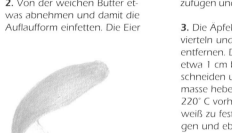

APFELREIS

600 ml	Milch 1,5%
350 g	Äpfel, ungespr.
	mit roter Schale
	z. B. Gloster
120 g	Milchreis
25 g	Zucker
2 TL	Zitronensaft
etwas	Salz

zum Bestreuen

1 TL	Zucker
¼ TL	Zimt

Pro Portion ca. 50

262/1095 kcal/kJ	11,9 %
7,5 g E	10,1 %
3,1 g F	4,7 %
50,6 g KH	16,0 %

Zubereitungszeit ca. 50 Min
Abkühlzeit 1–2 Std

das Kerngehäuse entfernen. Die Apfelviertel in etwa ½ cm dicke Scheiben schneiden.

4. Die Apfelscheiben in einen Topf geben und mit 2 EL Wasser, dem restlichen Zucker und dem Zitronensaft vermischen. Die Äpfel auf dem Herd oder in der Mikrowelle kurz dünsten. Die Stücke sollten so fest bleiben, dass sie nicht zerfallen.

5. Von dem Milchreis die Hälfte auf Portionsschälchen verteilen.

Aus den gedünsteten Äpfeln ein paar schöne Scheiben auswählen und für die Dekoration zur Seite legen. Die übrigen Äpfel auf die Schälchen verteilen und mit dem restlichen Milchreis abschließen. Den Nachtisch mit den Apfelscheiben dekorieren und 1–2 Stunden kalt stellen.

6. Vor dem Servieren werden die Schälchen mit Zimtzucker bestreut. Dazu wird 1 geh. TL Zucker mit ¼ TL Zimt vermischt.

1. Die Milch in einen großen Topf gießen und langsam zum Kochen bringen. Dabei darauf achten, dass die Milch nicht ansetzt. Währenddessen den Reis in ein Sieb geben und abspülen.

2. Den Reis, eine Prise Salz und ⅔ des Zuckers in die kochende Milch geben und umrühren. Den Milchreis bei schwacher Hitze in etwa 40 Minuten gar ziehen lassen. Dabei häufig umrühren, damit der Milchreis nicht ansetzt.

3. Die Äpfel gründlich waschen, danach den Stiel und die Blüte herausschneiden. Die ungeschälten Äpfel vierteln und

Tipp

Als warmes Hauptgericht schmeckt der Apfelreis auch sehr lecker. Es wird hierfür die 3-fache Menge der Zutaten benötigt. Gleich nach der Zubereitung wird der Apfelreis warm gegessen.

HAFERFLOCKENPLÄTZCHEN

125 g	Haferflocken, kernige
75 g	Zucker
50 g	Weizenmehl
40 g	Mandeln, gehackt
4 EL	Rapsöl
1	Ei
1 gestr. TL	Backpulver
1 Msp.	Zimt

Pro 100 g ca.

418/1745 kcal/kJ	19,0 %
9,5 g E	12,8 %
20,2 g F	30,6 %
48,4 g KH	15,3 %

Zubereitungszeit ca. 25 Min
Abkühlzeit ca. 30 Min
Backofentemperatur 190° C

1. Das Rapsöl in eine Pfanne geben, die Haferflocken, die Mandeln sowie 1 EL Zucker hinzufügen und unter ständigem Rühren goldgelb rösten. Ein Backblech mit Backpapier auslegen und die gerösteten Zutaten darauf schütten und abkühlen lassen.

2. Das Mehl sieben und mit dem Backpulver vermischen. Das Ei in eine Schüssel geben und zusammen mit dem restlichen Zucker schaumig schlagen. Das Mehl mit dem Backpulver, den Zimt und die gerösteten Zutaten dazugeben und vermischen. Den Backofen auf 190° C vorheizen.

3. Mit zwei Teelöffeln kleine Teighäufchen auf das mit Backpapier ausgelegte Backblech setzen. Die Haferflockenplätzchen in 12–15 Minuten auf mittlerer Schiene hellbraun backen.

HONIGTALER

500 g	Weizenmehl
200 g	Honig
200 g	Rübenkraut
100 g	Haselnusskerne, gemahlen
70 g	Walnusskerne
60 g	Butter
5 EL	Milch
40 g	Zucker
2 TL	Zimt
2 Msp.	Piment, gemahlen
1 Pck.	Backpulver
1 Prise	Salz

Pro Portion ca.

473/1983 kcal/kJ	21,5 %
8,7 g E	11,8 %
16,5 g F	25,0 %
72,6 g KH	23,0 %

Zubereitungszeit ca.1 Std. 20 Min
Ruhezeit ca. 4 Std.
Backofentemperatur 190° C

1. Den Honig, das Rübenkraut, den Zucker, die Butter sowie die Milch in einen Topf geben und bei mittlerer Hitze erwärmen. Die Honigmischung so lange rühren, bis sich der Zucker vollständig gelöst hat. Anschließend den Topfinhalt in eine Schüssel geben, die gemahlenen Haselnusskerne sowie die Gewürze hinzufügen und miteinander vermischen. Die Schüssel an einen kühlen Ort stellen, bis die Masse lauwarm ist.

2. Inzwischen die Walnusskerne hacken und anschließend unter die Honigmasse mengen. Das Mehl abwiegen, mit dem Backpulver vermischen, in die Schüssel geben und mit den übrigen Zutaten verkneten. Den Teig in zwei etwa gleich große Stücke teilen und diese jeweils zu einer etwa 4 cm dicken Teigrolle verarbeiten. Die Rollen auf ein Küchenbrett legen und mit etwas Folie bedeckt mindestens 4 Stunden in den Kühlschrank stellen.

3. Anschließend den Backofen auf 190° C vorheizen und ein Backblech mit Backpapier auslegen. Die durchgekühlten Teigrollen mit einem scharfen Messer in 2–3 mm dicke Scheiben schneiden. Die Honigtaler mit etwas Abstand auf das Backblech legen und auf mittlerer Schiene etwa 12 Minuten backen.

Tipp

Die frisch gebackenen Honigtaler sind ziemlich hart. Wer weichere Plätzchen bevorzugt, sollte die Honigtaler nicht sofort nach dem Auskühlen in eine Blechdose geben, sondern sie einige Tage unverschlossen stehen lassen.

SACHWORTREGISTER

In diesem Sachwortregister stehen die Rezepttitel
und Sachbegriffe in alphabetischer Reihenfolge.
Damit die Rezepte mit bestimmten Zutaten noch
schneller gefunden werden können, sind in diesem Re-
gister zusätzlich auch die Hauptzutaten wie z. B. Äpfel und
besondere Zutaten , ebenfalls alphabetisch geordnet, über den
entsprechenden Rezepten aufgeführt.

SACHWORTREGISTER

SACHWORTREGISTER

SACHWORTREGISTER

NOTIZEN

NOTIZEN

NOTIZEN

NOTIZEN

NOTIZEN

NOTIZEN